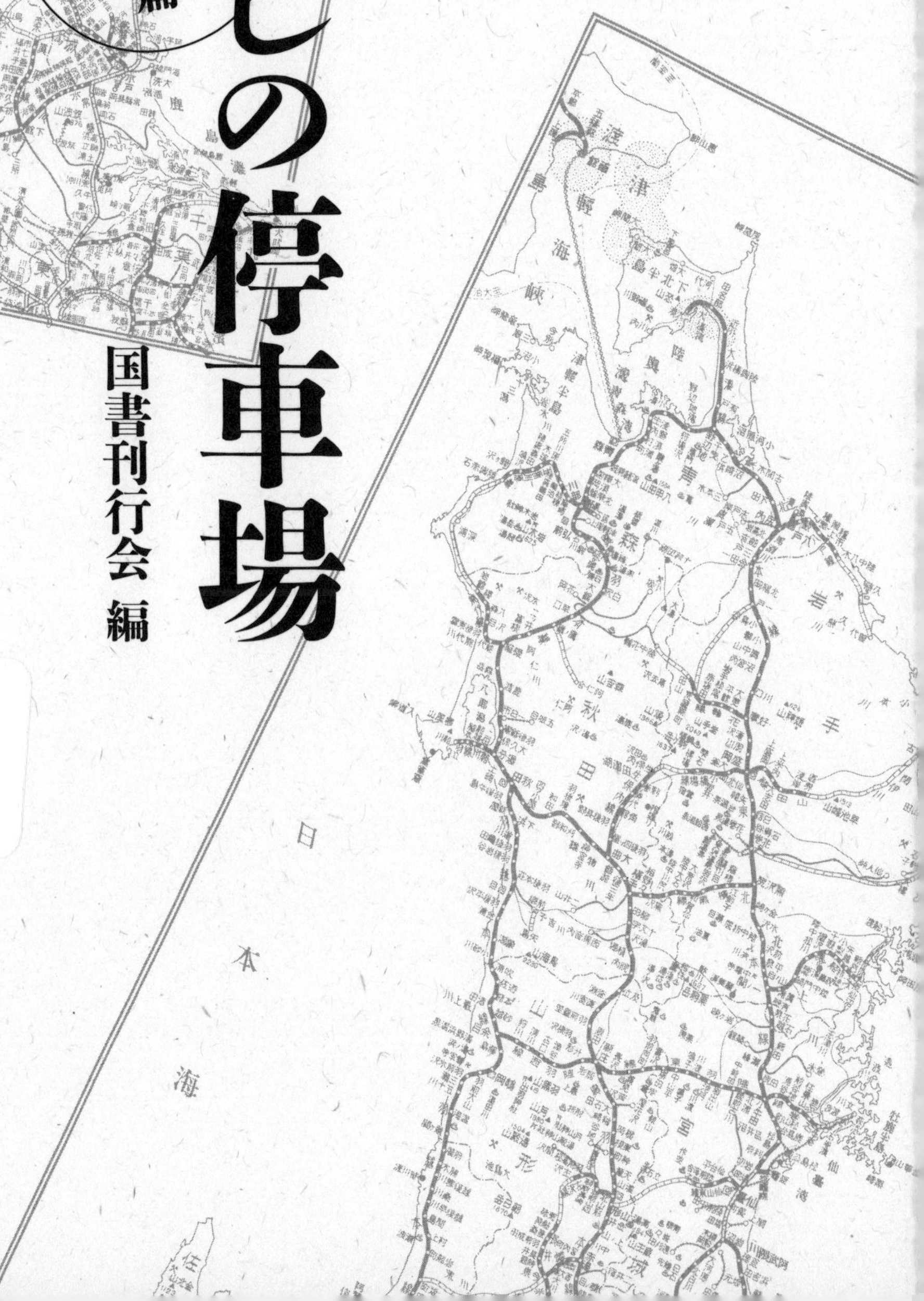

懐かしの停車場

東日本篇

国書刊行会 編

国書刊行会

駅の栄枯盛衰

原田勝正

日中戦争がはじまった翌年、一九三八年（昭和一三）に公開されて、その主題歌とともに、観客の紅涙をしぼった映画「愛染かつら」に、東京の新橋駅が登場する。ヒロインの高石かつ枝が津村浩三と京都に馳けおちする約束で駅にかけつけるシーンである。夜の一一時すぎ、といえば、当時は東京午後一一時発の下関一・二・三等急行第九列車と考えてよいか。ホームに上って彼女を待つ浩三、タクシーから飛び出して出札口で切符を買い、ホームにかけつける……。しかし間に合わない。

鳴りひびく気笛が蒸気機関車のそれのようで、ちょっと違和感を感じさせられた記憶があるのだが、いわゆる「すれちがい」の雰囲気が、深夜の駅のシチュエーションからあますところなく盛りあがってくる場面である。

「夜のプラットホーム」は、流行歌でも、「慕情」や「終着駅」といった映画でも、悲恋の状況設定にうってつけの場所として使われてきた。「愛染かつら」の場合もまさにそうであった。しかし、それにしても、なぜ東京駅でなくて新橋駅なのか。

永井荷風の日記に、女性の洋装の下着を調べるため、ある女性を口説いて、いっしょに箱根に出かける約束をして、新橋駅で待ち合わせたという記事がある。この微行は、駅で落ち合ったところで、その女性が和装で来たため、荷風がことわって成立しなかったが、一九三〇年代のこのころ、あまり人目につきたくない旅行の出発駅を新橋駅に選ぶという傾向があったようである。

新橋駅は、かつての「汽笛一声新橋を」の起点の地位をすでに東京駅にゆずっていた。しかし、このころまだ急行列車が停車していた。赤坂、青山方面の山手人士や、周辺のビジネスマンの乗降がかなり多かった。広い東京のどこかから集まり、またどこかへ散るという東京駅とちがって、新橋駅をつかうということが、一種のステイタス・シンボルとして示されるという面をもっていた。それとともに、出札、改札からホームへ、そしてせいぜい一分停車という、駅の構造や運転上の条件が、人目をしのぶ行動の人びとにぴったりするところがあったのではないか。

そういえば、明治のむかし。塩原へ心中行を企てた『煤煙』の主人公たちは、上野駅からではなく、田端駅から下り列車へ乗った。喧噪をきわめる上野駅でなく、人かげもまばらなホームに、ポツンと立つ二人の姿のほうが、こうした旅の出立にある意味を感じさせるのである。「愛染かつら」の新橋駅も、まったく同様であった。

もちろん明治のころとちがって、時計は電光板式になり、駅の建物はコンクリートの太い柱が高架線を支えている。しかし、ピクリと動く電気時計の針や、柱をつたわってひびいてくる高架線上の列車のひびきが、大都市の無機質のメカニズムを伝え、その中で必死の思いで行動する人の姿を浮き上らせる。しかも、それは東京駅のような最高位の格をもつ駅でなく、それでいて一定の社会的地位をもつ人びとを「お得意」にもつという駅、そ

新橋停車場

のような駅の地位が、このような人目をしのぶ旅行の舞台に、もっともふさわしい要素を引き出したということになりそうである。

その意味で、「愛染かつら」におけるこの状況設定は、作者の意図がどこにあったかは別として、時代相を忠実にあらわしている。そして、新橋駅は、大都市の駅がもつ強い個性を、かなりはっきりと示したのである。そこに、われわれは、少し大袈裟な言い方をすると、一九三〇年代において到達していた日本社会のなかの近代性を見る思いがする。

新橋駅と酷似する例を、われわれは、同じ東海道本線の三ノ宮や神戸の駅にみることができる。これらの駅が高架の駅に生まれ変ったのが一九三四年（昭和九）、新橋駅の場合は、烏森駅として電車ホームの完成が一九〇九年（明治四二）、新橋駅として汽車ホームの完成が一九一四年（大正三）であるから、三ノ宮、神戸はかなり遅れているが、しかし、それだけにすっきりした構造となっている。ドイツから招かれたバルツァーが設計した新橋駅付近の高架線は、ベルリン市内の高架線をそのまま持ちこんだかと思わせるほど、一九世紀の雰囲気をたっぷりもっていた。しかし、神戸の高架線は、コンクリート・ラーメンの素朴な量感にあふれ、駅はまた、重厚ななかに機能性をふんだんにそなえていた。

かつて広い構内に貨物の取扱設備を併せ持っていた神戸駅は、明治初年につくられた新橋駅とともに、東海道本線の起終点のターミナルとしての風格をそなえていた。新橋駅のほうが、ひと足先きに一九一四年（大正三）一二月東京駅開業とともに、電車専用の烏森駅を新橋駅と改称、旧新橋駅を汐留駅と改めて貨物専用駅とした。それは、都市の拡大にともなって起こるいわゆる客貨分離のさきがけを成した。そして神戸駅の場合、一九二八年（昭和三）に貨物部門を分離して湊川駅とし、高架化工事とともに、神戸駅が旅客専用の高架駅として生まれ変ったのである。

どちらも、都市の拡大に対応する鉄道の改良工事によって生まれたという点で共通しているのだが、神戸駅の場合、起点の東京駅にあたる設備は大阪駅にまかせたかたちとなって、さまざまな設備をすっきりそぎ落とした、スリムな駅になったのである。その機能性は、車寄せから、出札・改札とつぎつぎに通過してホームに出るまでの順路のわかりやすさ、距離の短いことに、端的にあらわれている。東京駅では、こんなわけにはいかない。名古屋、大阪など、三ノ宮や神戸とほぼ同時期に改築された駅では同様の構造をもっているが、ホームが多く、人の流れは複雑である。

新橋駅も神戸駅も、起終点の設備を東京駅や大阪駅にゆずって身軽になり、しかも近代的な生活意識にあふれた人びとを送り迎える駅としての個性をつよく出すことになったというべきであろう。この点は三ノ宮駅にも通ずるようである。それは海に沿って帯状に伸びる市街の形と、市街の中心が三ノ宮付近に形成されるという神戸の市街形成の特徴による。

駅には、社会のうごきと密着してはなれない要素がつねにある。それは、あらためていう必要もないことで、駅が鉄道の施設として人やものを迎え入れ、送り出すという役割をもつ以上、当然のことといわなければならな

神戸駅付近の高架線　昭和６年頃

い。駅のかたち、機能、そしてそれぞれの駅がもつ独特の雰囲気、それらは、駅がおかれた自然的環境だけでなく、社会的環境によって、その個性をあたえられている。いまみてきたような新橋や、三ノ宮、神戸といった駅の例も、そのあらわれというべきであろう。駅にひかれるものがあるとすれば、まず、駅のもつ個性であり、その個性をひとつひとつ仔細にみていくうちに、その個性を規定しているさまざまな要因を知ることになり、それがまた、駅の魅力をさらに大きいものとする。

北向きの駅本屋の玄関を、海から吹く北風を防ぐために、しっかりと扉と壁板をはめこんだ直江津駅、この構造は、明治のむかしからつづいているのだろうか。海のほうへ向かって走り去りそうな線路を、しっかりとおさえるかたちの門司港駅。しかし、ここはまた九州の鉄道の起点として果たしてきた役割を、いまはほとんど失っている。直江津駅が、日本海をわたって吹きつける寒風にさらされながら、むかしもいまも日本海縦貫線の要衝としての役割をはたしているのにたいし、門司港の駅は、かつてのにぎわいを忘れたかのようにさびれ、コンコースの太い柱に巻きつけた銅板の輝きが、かつての栄光をどこかむなしくわれわれに伝える。それは、関門トンネルや新幹線によって置き去りにされたむなしさなのかもしれない。

駅にも、やはり「栄枯盛衰」があるのだろう。小さな信号場から駅となり、だんだん大きくなっていくのもある。山手線の駅のなかでかなりのちに開業した池袋駅が、まわりの開通当時からあった目白や板橋を抜いて、全国有数の規模をもつ駅に成長してしまった例もある。

それらの「栄枯盛衰」は、たんに恣意的な条件によるものでなく、それぞれに環境の変化や、それにたいする対応のしかたによって起こってくる。そこには必然性も偶然性もはたらくであろう。最初に挙げた新橋駅や神戸駅の例にも、そうしたさまざまな条件によって規定される「栄枯盛衰」を読み取ることができる。

国鉄だけでも五〇〇〇をゆうに越えるといわれた駅のなかには、謎の駅、幻の駅といったたぐいのものも少なくない。それらは、いつ開業したのか、いつ廃止されたのか、正式の呼び名がどうなのか、そういった基本的事実の段階で、謎につつまれているというものがある。北九州の小倉につくられた足立という軍用停車場は、日露戦争のさいに使われただけで姿を消した。完成は一九〇四年（明治三七）二月一二日、日露戦争宣戦布告の二日後、廃止は、一九一六年（大正五）六月というが日付はわからない。一般の営業をしなかったから、駅の戸籍というべき「停車場一覧」にも出ていない。その位置は、いまとなっては区画整理のおかげで跡かたもないから、ふるい地図と対照するほかない。軍用停車場だからしかたないといえばそれまでだが、このような幻の駅は、なんとかしてはっきりさせたいものだという意欲を湧かせるものをもっている。

釜石線にかつてあった鉄道と索道との連絡駅仙人峠などは、果たしていま訪ねることができるのかどうか。まだ岩手軽便鉄道時代の狭軌の線路そのままのころ、花巻からの線路は仙人峠で終り、ここから索道で大橋（陸中大橋）に結ばれていた。国鉄の線路に索道区間があったというだけでも、一九五〇年（昭和二五）一〇月に廃止されたその駅の跡はどうなっているか知りたいという思いがつきあげてくる。駅にたいする関心は、このようにして、あとからあとから途切れることなくもりあがってくるのである。

目でみる懐かしの停車場

東日本篇

増毛線信砂川鉄橋

目次

東海道線

中央・信越線

中央本線

信越線

高崎・両毛・総武線

高崎線

両毛線

総武本線

常磐・奥羽・羽越線

常磐線

奥羽本線

羽越線

北陸線

東北線

北海道

本書は大正時代の絵はがきを中心に、既に三〇〇都市を超える当社刊『ふるさとの想い出写真集明治・大正・昭和』の著者の協力を得て構成した。日露戦争前後から昭和初期にかけての鉄道黄金時代を、当時の駅舎の面影を主軸におき、蒸気機関車等の雄姿も含めて、再現しようとするものである。

凡例

●**本文**　本文には鉄道省編纂の昭和五年版『鉄道旅行案内』を使用し、当時の駅周辺の姿を再現するよう試みた。表記は現代かなづかいに改め、内容については文章の主旨を変えることなく表現を簡明にした。なお線名、駅名等も『鉄道旅行案内』にそろえ、改廃があった場合は写真説明において解説した。『案内』に解説が無く写真のみがある場合、線・駅名を〔　〕で囲み本文に挿入し位置を示した。なお目次では章の終りに置いた時刻表は大正一四年のものである。なお目次では支線をゴチック体で表わした。

●**章立て**　章立ても『鉄道旅行案内』を基本とした。東西両巻の区分は糸魚川―静岡を結ぶ線を基準とし、中央線・北陸線は編集の都合上東日本篇に入れた。章の中では本線を中心とし、支線・私鉄線は本線から分岐する駅の近くに配した。写真の無い線の本文は削除した。

判別の便のため支線、私鉄線の本文は罫線で囲み、頁を構成しない写真は灰色で囲んだ。また支線からさらに分岐する線の写真も灰色地で囲み、本文は灰色地に乗せた。

なお本書全体の構成、写真説明等に関しては編集部で行ない、原田勝止、小池滋両氏に監修していただいた。

資料提供者・協力者一覧（五十音順・敬称略）

赤田喜美男
赤塚長一郎
赤見　貞
阿子島雄二
阿部隆好
阿部正路
綾部史談会
荒尾親成
荒木常能
飯田文弥
飯田米秋
池田半兵衛
諫早史談会
石井博夫
石川恒太郎
石崎直義
石塚尊俊
市川　彰
市川浩一郎
市原三三
伊東五郎
今治史談会
今村鉶介
今村義孝
伊万里市郷土研究会
岩下庄之助
岩見沢郷土資料室
上原邦一
内田　伸
江上敏勝
江副敏夫
遠藤文伍
大岡　昇
太池貞治
大路和子
大木　衛
太田雅慶
大村三良
岡崎地方史研究会
岡　忠郎
岡本　実
小川龍彦
小樽市博物館
乙黒　享
尾野和夫
小野眞一
加賀市立図書館
柏崎市立図書館
勝間田二郎
金子誠三
蒲郡郷土史研究会
神野高行
神谷素光
神谷昌志
唐津市教育委員会
川口幾世至
川崎文昭
川畑　迪
川　良雄
紀南文化財研究会
君塚文雄
工藤　祐
熊谷映子
黒田義隆
合田正良
交通博物館
国鉄安田駅
小谷茂夫
後藤五百城
後藤嘉一
小村　茂
昆　勇郎
紺野庫治
斎藤伊知郎
斎藤健治
斎藤嘉造
崎山喜平
作山正雄
笹喜四郎
佐藤喜一
佐藤三郎
佐藤　隆
佐藤　實
佐原市
軸丸　勇
雫石太郎
島岡　宏
島田成矩
清水春一
篠原　真
下山二男
上越郷土研究会
荘田啓介
菅原清三
鈴木源一郎
鈴木　喬
鈴木富男
須藤　功
須藤隆仙
関　七郎
高橋明雄
高橋たつ子
高橋秀吉
高橋政清
竹内　進
竹岡　林
田島秀隆
立木久夫
橘　正
伊達市教育委員会
立松　宏
田中助一
田中重雄
田中須美子
田中政行
田中正能
谷林チサト
谷村　茂
種元勝弘
玉岡松一郎
玉野知之
土屋貞夫
鶴岡市郷土資料館
寺田　正
十日町市博物館
遠田恭行
徳永真一郎
徳田浩淳
富岡行昌
富水慶一
鳥居良四郎
中里　進
中島勝国
中野敬次郎
中原雅夫
奈木盛男
楢崎政志
成田山霊光館
西田素光
西　良子
沼口信一
野口逸三郎
野口泰助
橋田友治
八巻一雄
服部清道
花坂蔵之助
林　明男
菱田忠義
美唄郷土史研究会
日向文吾
萩市郷土博物館
伯野香陵
平池一三
広田寿三郎
福岡　博
藤木英太郎
藤原茂男
布施仁作
不破直幹
古内龍夫
古川幸吉
東野幸四郎
ふるさと日立刊行会
蓬郷　巌
堀江敏夫
本田三郎
舞鶴地方史研究会
牧野隆信
松井恒幸
松尾　茂
松尾陽吉
松隈謙次
丸山知良
丸山幸太郎
右田乙次郎
水垣　清
宮川澄夫
宮田忠彦
麦田静雄
村瀬正章
森脇正之
八尾正治
八木洋行
安元　薫
八代史談会
藪中寿治
山内公二
山口信嗣
行実正利
夕張郷土資料保存研究会
横田　新
吉岡和喜治
吉竹　澄
吉野秀夫
湧口　滋
渡辺克己
渡辺恵吉
渡辺守順

東海道線

東京—静岡

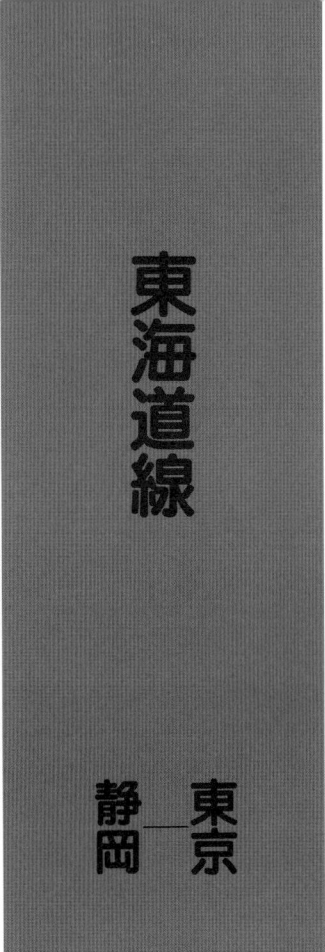

東京駅全景

昭和初期の東京駅正面　中央口右側、白布の日除けの上にステーションホテルの文字が見える。銅板製丸屋根は昭和20年戦災で消失した。

東海道本線

本線は東京駅を起点として西に向かう交通は最も頻繁を極め、短距離列車の外、大阪行き二本、神戸行き五本、明石行き一本、下関行き六本あり、神戸行きの中一本は三等急行、一本は二、三等急行、一本は一、二等急行、一本は各等急行、一本は普通列車である。東京、神戸間急行で約一二時間半、普通列車で約一七時間半を要する。下関行きの中一本は一、二等特別急行(富士)、一本は三等特別急行(桜)、一本は二、三等普通急行、一本は各等普通急行、二本は普通列車である。東京、下関間特急で二二時間四〇分、普通急行で約二四時間、普通列車で三〇時間ないし三二時間を要する。京浜間は汽車の外電車があり、赤羽、桜木町間約八分毎(区間により四分毎)に発し、また品川、新宿、池袋、上野、東京、品川間を循環する山手線電車は四分毎に、池袋から赤羽に行く電車は八分毎に、中央線の東京、立川間電車は一六分毎(区間により四分毎)に運転し、また日本郵船の外国行き汽船出帆の際は、東京から鶴見を経て横浜港まで行く普通列車がある。

東京駅を出発するとやがて愛宕山の中央放送局の高塔、増上寺の森、左にほのかに見える房総の山々、樹林の間から総持寺の建物など走馬灯のように目に映る。

東神奈川からは八王子へ行く横浜線が右に分かれ、大船からは左に横須賀線が分かれ、平塚からは三角状をした大山が近く仰がれ、国府津からは左に熱海線を分かち、箱根外輪山を左に眺めながら、弓のような弧線を描きつつ足柄の群山に

東京駅側面　左側に丸ビルが見える。昭和四年頃。

東京駅朝の雑沓　昭和四年頃。右に見えるのは中央線の留置電車。左は京浜線南行電車。

分け入る。本線中第一の難所で、トンネルと鉄橋の連続ともいえる。

汽車はさらに登って御殿場に行く、海抜四七六メートル、この線における最高停車場で、富士登山の東表口である。

沼津からはいわゆる田子浦湾に沿って走り、青松砂汀敷一〇キロに及ぶ。静岡、堀ノ内付近は美しい茶園が目をひき、大井、天竜の大河を渡り、ここに新たに浜名湖の風光に接する。

東　京（とうきょう）　駅のある所は麹町区丸ノ内。駅はルネッサンス式の鉄骨煉瓦および石材造り三階建て、間口三三五メートル、奥行二〇メートルないし四二メートル、総建坪二三八アール。階下中央は皇室用の御車寄および御待合所、右は精養軒入口、階上は東京ステーションホテル、左側階上は東京鉄道局で右翼は乗車口、左翼は降車口となっているが、電車乗降客は双方いずれからでも乗車出来ることとなっている。なお最近東側に八重洲口を新設し日本橋方面からの通路が出来たが、乗車券は当分の間電車区間のみ発売している。降車口の北にはジャパン・ツーリスト・ビューローがある。

初代新橋駅　現在の汐留駅が大正3年までは新橋駅であった。

二代目の新橋駅　現在地での新橋駅。関東大震災で焼失した。

〔新橋〕(しんばし)

品　川（しながわ）　山手線分岐点、京浜電気鉄道接続点。江戸時代には東海道五十三次の第一次駅であった。▼東海寺　西南約一㌔、沢庵和尚の開基、境内に同和尚、賀茂真淵の墓がある。

大井町（おおいまち）　目黒蒲田電鉄はここから大岡山まで行っている。

大　森（おおもり）　▼鈴ケ森　東約一㌔、京浜電鉄あり、徳川時代の刑場、八幡神社付近にあたる。▼大森貝塚　駅付近。

蒲　田（かまた）　目黒蒲田電鉄はここから目黒まで一三・四㌔、また池上電鉄はここから山手線五反田駅まで一一・一㌔。

川　崎（かわさき）　南部鉄道接続点。人口九万二〇〇〇、工場地として会社工場が多い。▼川崎大師　東一㌔、京浜電鉄大師支線の便あり、賃八銭、三月二一日の縁日は特に雑沓を極める。

▼南武鉄道　川崎から中央線立川駅まで三五・六㌔。

鶴　見（つるみ）　▼総持寺　西南約一㌔、能登から移した曹洞宗の大本山で寺に接して花月園がある。

東神奈川（ひがしかながわ）　横浜線分岐点。東神奈川、八王子間四二・六㌔。

品川駅　明治30年頃。

川崎駅　明治34年頃。

昭和４年頃の品川駅

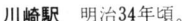

横浜駅　明治中期、現在の根岸線桜木町駅。

横浜駅　震災前、二代目の横浜駅京浜線ホーム。

横浜港駅　昭和4年頃。

外国航路出帆日に限り，東京から桟橋まで直通列車が走った。

横　浜（よこはま）　二八・八キロ　東京横浜電鉄、神中鉄道、湘南電鉄接続点。安政年間開港場となってから七十余年、当時一〇〇戸の一漁村も今は日本第一の貿易港と化した。人口五六万五〇〇〇。昭和二年度貿易額輸出七億四七〇〇万円、輸入五億七四八二万円を算する。

大　船（おおふな）　横須賀線分岐点。

藤　沢（ふじさわ）　小田原急行電鉄江ノ島線接続点。

茅ケ崎（ちがさき）　相模鉄道接線点。

▼茅ケ崎海水浴場　南約一キロ、自動車あり、風光明媚で夏季は海水浴場である。

▼相模鉄道　茅ケ崎、厚木間一四・六キロ。

平　塚（ひらつか）　▼大山登山　頂上まで一八キロ、大山まで一二キロ、自動車一円、山は雨降山とも称し海抜一二五三メートル、頂上に阿夫利神社がある。延喜式内の古社で名高い。

大　磯（おおいそ）　別荘地、海水浴場として栄えている。付近に鴫立沢、高麗山、千畳敷遊園地、淘綾(こゆるぎ)ノ磯など散策の地が多い。

二　宮（にのみや）　湘南軌道接続点。同軌道は秦野まで九・六キロ、秦野で小田原急行電鉄と接続する。

国府津（こうづ）　熱海線分岐点。青松砂浜長く続き風光明媚の地。

藤沢駅プラットフォーム　大正13年。

平塚駅　明治後期。

国府津駅　明治42年。駅前の電車は明治33年に開通。

熱海軽便鉄道　大正初期。

熱海線

この線は箱根遊覧の門戸たる小田原を経て熱海に至り、丹那山を貫通して三島に至って本線に接続する予定で、すでに熱海まで開通しているが、将来は目下工事中の丹那山の大トンネルを抜けて、本線の沼津駅に接続し、ここに新たに東海道本線となる予定である。

小田原（おだわら）　小田原急行電鉄、箱根登山鉄道、大雄山鉄道接続点。古来東海道の要衝で、江戸時代には箱根山上に関所を設け、小田原城主大久保氏をして監視させた。

名物　梅干、塩辛、かまぼこ、ういろう。

▼**大雄山鉄道**　ここから大雄山まで九・三キロ。

▼**箱根登山鉄道**　ここから早雲山まで一五・九キロ、途中湯本で乗換え、強羅から早雲山まではケーブルカーによる。また小田原からは同鉄道経営の乗合自動車もある。

▼**箱根山**　箱根山は二重式火山で、神山は海抜一四三八メートルに達し箱根諸山中の最高峰である。その東北山腹には大涌谷、早雲地獄、湯ノ花沢などの爆裂火口があり、また温泉を湧出している。

早　川（はやかわ）　▼石橋山古戦場　南一・七キロ、治承四年（一一八〇）源頼朝が大庭景親と戦い敗戦した所。

真　鶴（まなづる）　風光明媚にして自然の公園をなしている。

湯河原（ゆがわら）　▼湯河原温泉　三キロ、右も左も翠巒に囲まれた閑静な温泉郷である。

熱　海（あたみ）　国府津から二六・九キロ

▼熱海温泉一キロ、熱海は一方海に面し三方山をめぐらし、海上一二キロに初島が横たわり、遠く大島の噴煙も望まれる。極寒四度を下らず、盛暑三一度を越えず、温泉浴と海水浴とを兼ねた避暑避寒の適地である。リュウマチ、胃腸病、婦人病、神経諸病に効く。

熱海軽便鉄道熱海駅

熱海線(現東海道本線)熱海駅　昭和初期。

工事中の丹那トンネル熱海口　大正7年に着工、難工事の末、昭和9年に開通した。

工事中の丹那トンネル

御殿場駅　関東大震災後、復旧なった駅の落成式。大正14年。

御殿場駅前

御殿場駅付近　深沢からの富士。機関車が逆向きで押している。

下曽我（しもそが）▼曽我梅林　西約半キロ、この駅から松田駅に至る間、花時は車窓までも匂う。

松　田（まつだ）小田原急行電鉄接続点。

▼道了詣で　麓から大雄山最乗寺まで約三キロ、堂宇は先年火災に会い大半旧観を損した。縁日は毎月二七、八日。

山　北（やまきた）▼中川鉱泉　一六キロ、武田信玄の隠し湯で部下の傷疾を治した所と伝える。

駿　河（するが）山中の一都会をなし、綿糸、綿織物の産額が多い。

御殿場（ごてんば）▼富士登山　山は海抜三七八〇メートル、登路に御殿場口、須走口、須山口、大宮口、吉田口、精進口の六つあり、大宮口が正面で吉田口はその裏山であるが、一番登り易いのでここから登り、御殿場口へ下るのが普通である。

裾　野（すその）▼佐野瀑園　北一・三キロ、途中まで自動車あり、雪解、富士見、銚子、狭衣の名瀑がある。

三　島（みしま）駿豆鉄道接続点。

裾野駅　出征兵士の見送り。昭和一〇年代。

駿豆鉄道(現伊豆箱根鉄道)　伊豆長岡駅

駿豆鉄道(現伊豆箱根鉄道)　大仁駅

▼駿豆鉄道　三島、修善寺間二〇・六キロ
三島町、沼津間六キロ。

沼津駅　明治22年、開業当時。

原駅　明治23年、工事中の風景。

沼　津（ぬまづ）　駿豆鉄道三島線接続点。沼津市はもと水野氏五万石の城下で人口三万九〇〇〇。付近は気候温和避暑避寒に適し、海水浴場が多い。
名物　たいでんぶ、うぐいす餅。
▼千本松原　南約二キロ、自動車一五銭、沼津公園一帯の海浜で名の如く群生する千本松原が美しい。

原（はら）　駅付近は桃園が多い。

鈴　川（すずかわ）　▼田子浦　南半キロ。

富士身延鉄道身延駅　昭和4年頃。

富士身延鉄道南甲府駅　電車試運転成功の記念写真。

▼**富士身延鉄道**　富士、甲府間八八キロ。

富　士（ふじ）　富士身延鉄道接続点。付近は梨の栽培が盛んである。

富士駅　明治四二年開設当時。

富士駅前　明治四三年頃。

薩埵峠の眺望　由比—興津間。大正期か。

東海道線の建設工事　興津、狐ヶ崎付近。

由　比（ゆい）　▼薩埵峠　西二㌔、脚下に駿河湾を瞰下し眺望がよい。

興　津（おきつ）　▼清見寺（臨済宗）西約半㌔、古来海道の名刹でまた観月の勝地。

興津清見寺下切通し

興津駅　跨線橋の工事。明治三五年頃。

江尻駅（現清水駅） 明治22年頃。

江　尻（えじり）　付近一帯海水浴に適し、東方袖師には夏季仮停車場を開設する。駅所在地は清水市、人口五万六〇〇〇。

▼三保松原　西南約一一キロ、自動車四五銭、謡曲に知られた羽衣の松、県社御穂神社などがあり、風光に富んでいる。

草　薙（くさなぎ）　▼日本平　東南三キロ、久能山続きの高地有度山の頂上で展望が広い。

静　岡（しずおか）　一九一・九キロ　静

東海道本線安倍川橋梁

岡電鉄接続点。

東京から急行で約四時間、徳川幕府はここに駿府城代を置いた。人口一二万四〇〇〇。製茶業が盛んで竹細工、漆器、みかん、わさび漬、椎茸などを産する。茶はここが集散の中心市場となっており年産額一万八八〇〇トンに及ぶ。

▼**静岡電気鉄道**　市内安西通から清水市に至る一三・七キロ、途中市内鷹匠町から駅前へ支線がある。

▼**安倍鉄道**　駅の西北三キロの井ノ宮から牛妻まで九・三キロ。

静岡駅　明治末期。

用宗—焼津間　大崩海岸のトンネル出口。現在ここに線路はない。

東海道本線下り（東京・沼津間）

大正十四年三月十二日改正　同年四月一日訂補

東京・沼津（大船・横須賀及

下リ列車

線名	驛名	哩程	75	1	1	21	103	503	25	505	107	507	特3	77	特1	509	109
東海道本線	東京 發	0.0	...	日曜及祭日ハ運轉セズ	...	4.45	5.40	5.50	6.25	6.40	7.30	7.40	8.15	8.25	8.45	8.55	9.10
	新橋 〃	1.2	...		...	レ	5.45	5.55	レ	6.45	7.35	7.45	レ	レ	レ	9.00	9.15
	品川 〃	4.3	...		...	4.57	5.53	6.03	6.38	6.53	7.43	7.53	レ	8.38	レ	9.08	9.23
	大森 〃	7.2	...		...	レ	レ	レ	レ	7.01	7.51	8.01	レ	レ	レ	レ	レ
	横濱 著	18.2	...		...	5.24	6.20	6.30	7.06	7.23	8.13	8.23	8.53	9.05	9.23	9.35	9.50
	横濱 發		...		...	5.26	6.23	6.33	7.10	7.26	8.16	8.26	8.56	9.09	9.26	9.38	9.53
	程ケ谷 〃	19.7	...		...	5.32	6.29	6.39	7.16	7.32	8.22	8.32	レ	9.15	レ	9.44	9.59
	戸塚 〃	25.3	...		...	5.48	6.46	6.56	7.32	7.49	8.38	8.49	レ	9.31	レ	10.00	10.15
	大船 著	28.8	...		...	5.56	6.54	7.04	7.40	7.58	8.46	8.58	レ	9.39	レ	10.08	10.23
横須賀線	大船 發	0.0	...	5.30	...	3 *6.05		7.06		8.01		9.02				10.10	
	鎌倉 〃	3.0	...	5.40	...	6.14		7.16		8.11		9.12				10.20	
	逗子 〃	5.4	...	5.50	...	6.23		7.25		8.20		9.21				10.29	
	田浦 〃	8.8	...	6.01	...	6.33		7.35		8.30		9.31				10.39	
	横須賀 著	10.0	...	6.05	...	6.37	↓	7.39	↓	8.34	↓	9.35	↓	↓	↓	10.43	↓
東海道本線	大船 發	28.8	...	...	...	5.57	6.56	...	7.42	...	8.48	...	レ	9.52	レ	...	10.25
	藤澤 〃	31.6	...	...	...	6.06	7.06	...	7.52	...	8.58	...	レ	10.02	レ	...	10.34
	辻堂 〃	33.9	...	...	...	6.13	7.13	...	7.59	...	9.05	...	レ	10.09	レ	...	10.41
	茅ケ崎 〃	36.3	...	...	...	6.20	7.20	...	8.06	...	9.12	...	レ	10.16	レ	...	10.48
	平塚 〃	39.6	...	...	...	6.32	7.32	...	8.18	...	9.24	...	レ	10.28	レ	...	11.00
	大磯 〃	42.0	...	...	...	6.40	7.40	...	8.26	...	9.32	...	レ	10.36	レ	...	11.08
	二宮 〃	45.3	...	...	...	6.49	7.49	...	8.35	...	9.41	...	レ	10.45	レ	...	11.17
	國府津 著	48.2	...	...	...	6.58	7.58	...	8.44	...	9.50	...	9.59	10.54	10.27	...	11.26
熱海線	國府津 發	0.0	...	...	5.35	3 *7.07	8.03	...	5 *8.50	...	9.56	...		*7 11.00		...	11.32
	鴨宮 〃	1.9	...	...	5.42	7.16	8.10	...	8.57	...	10.03	...		11.07		...	11.40
	小田原 〃	3.9	...	...	5.51	7.23	8.20	...	9.04	...	10.16	...		11.14		...	11.51
	早川 〃	5.2	...	...	5.57		8.26	...		...	10.23	...				...	11.57
	根府川 〃	7.9	...	...	6.09	...	8.38	...	...	...	10.35	...		...		...	12.11
	眞鶴 〃	11.2	...	...	6.22	...	8.51	...	...	...	10.48	...		...		...	12.24
	湯河原 〃	13.3	...	...	6.31	...	9.00	...	...	...	10.57	...		...		...	12.33
	熱海 著	16.7	...	...	6.43	...	9.12	...	...	...	11.09	...	↓	...	↓	...	12.45
東海道本線	國府津 發	48.2	5.00	...	...	7.03	...	...	8.48	...	...	...	10.02	10.59	10.29	...	...
	下曾我 〃	50.5	5.09	...	...	7.12	...	...	8.57	...	...	...	レ	11.08	レ	...	...
	松田 〃	54.5	5.24	...	...	7.27	...	...	9.12	...	...	...	レ	11.23	レ	...	...
	山北 〃	58.1	5.42	...	...	7.46	...	...	9.30	...	...	...	10.36	11.39	11.02	...	...
	駿河小山 〃	63.6	6.06	...	...	8.10	...	...	9.54	...	...	...	レ	12.03	レ	...	...
	御殿場 〃	70.3	6.37	...	...	8.42	...	...	10.26	...	...	...	レ	12.35	レ	...	...
	裾野 〃	79.7	7.02	...	...	9.07	...	...	10.51	...	...	...	レ	12.58	レ	...	...
	三島 〃	82.7	7.11	...	...	9.18	...	...	11.00	...	...	...	レ	1.07	レ	...	...
	沼津 著	85.6	7.19	...	...	9.26	...	...	11.08	...	...	...	11.54	1.15	12.20	...	...
東海道山陽本線及線	沼津 發	85.6	7.26	...	...	9.34	...	...	11.15	...	...	...	12.00	1.21	12.26	米原・富山間第六〇三列車 富山著 7.36	...
	靜岡 著	119.2	8.52	...	...	11.01	...	...	12.42	...	...	...	12.53	2.52	1.20		...
	名古屋 〃	234.6	2.03	...	...	4.55	...	...	6.39	...	...	...	4.08	8.17	4.32		...
	京都 〃	326.4	6.53	...	...	8.36	...	...	11.00	...	...	...	7.01	米原著 11.00	7.24		...
	大阪 〃	353.2		...	...	10.52	...	...	12.11	...	...	...	7.50		8.12		...
	神戸 〃	373.5	...	...	...	11.58	...	...	1.00	...	...	...	8.40		9.00		...
	下關 〃	702.8	...	...	...	5.20	...	...	...	...	...	...	8.05		8.30		...

線名	驛名	哩程	511	111	79	513	113	27	515	115	517	81	119	519	83	521	123
東海道本線	東京 發	0.0	10.00	10.10	10.30	11.20	11.30	12.00	12.50	1.00	1.45	1.55	2.35	2.45	3.15	3.40	4.20
	新橋 〃	1.2	10.05	10.15	レ	11.25	11.35	レ	12.55	1.05	1.50	レ	2.41	2.50	レ	3.45	4.26
	品川 〃	4.3	10.13	10.23	10.45	11.33	11.43	12.14	1.03	1.13	1.58	2.08	2.50	2.58	3.28	3.53	4.35
	大森 〃	7.2	レ	レ	10.54	レ	レ	12.23	レ	レ	レ	レ	レ	レ	3.36	レ	4.42
	横濱 著	18.2	10.40	10.50	11.18	12.00	12.10	12.45	1.30	1.40	2.25	2.35	3.17	3.25	3.58	4.20	5.05
	横濱 發		10.43	10.53	11.22	12.03	12.13	12.49	1.33	1.43	2.28	2.39	3.20	3.28	4.02	4.23	5.08
	程ケ谷 〃	19.7	10.49	10.59	11.28	12.09	12.19	12.55	1.39	1.49	2.34	2.45	3.26	3.34	4.08	4.29	5.14
	戸塚 〃	25.3	11.05	11.15	11.44	12.25	12.35	1.11	1.55	2.05	2.50	3.02	3.42	3.50	4.25	4.45	5.30
	大船 著	28.8	11.13	11.23	11.52	12.33	12.43	1.19	2.03	2.13	2.58	3.10	3.50	3.58	4.33	4.53	5.38
横須賀線	大船 發	0.0	11.15			12.35			2.05		3.00			4.00		4.55	
	鎌倉 〃	3.0	11.25			12.45			2.15		3.10			4.10		5.05	
	逗子 〃	5.4	11.34			12.54			2.24		3.19			4.19		5.14	
	田浦 〃	8.8	11.44			1.04			2.34		3.29			4.29		5.24	
	横須賀 著	10.0	11.48	↓	↓	1.08	↓	↓	2.38	↓	3.33	↓	↓	4.33	↓	5.28	↓
東海道本線	大船 發	28.8	...	11.25	11.54	...	12.45	1.21	...	2.15	...	3.12	3.52	...	4.35	...	5.40
	藤澤 〃	31.6	...	11.35	12.04	...	12.55	1.31	...	2.25	...	3.22	4.02	...	4.44	...	5.50
	辻堂 〃	33.9	...	11.42	12.11	...	1.02	1.38	...	2.32	...	3.29	4.09	...	4.51	...	5.57
	茅ケ崎 〃	36.3	...	11.49	12.18	...	1.09	1.46	...	2.39	...	3.36	4.17	...	4.58	...	6.05
	平塚 〃	39.6	...	12.01	12.31	...	1.21	1.59	...	2.51	...	3.48	4.30	...	5.11	...	6.18
	大磯 〃	42.0	...	12.09	12.39	...	1.29	2.07	...	2.59	...	3.56	4.38	...	5.19	...	6.26
	二宮 〃	45.3	...	12.18	12.48	...	1.38	2.16	...	3.08	...	4.05	4.47	...	5.28	...	6.35
	國府津 著	48.2	...	12.27	12.57	...	1.47	2.25	...	3.17	...	4.14	4.56	...	5.37	...	6.44
熱海線	國府津 發	0.0	...	12.32		...	1.51		...	3.22	...	9 *4.22	4.58	...	11 *6.10	...	6.50
	鴨宮 〃	1.9	...	12.40		...	1.58		...	3.29	...	4.30	5.06	...	6.17	...	6.57
	小田原 〃	3.9	...	12.49		...	2.09		...	3.38	...	4.38	5.16	...	6.24	...	7.07
	早川 〃	5.2	...	12.55		...	2.16		...	3.44	...		5.22	...		...	7.13
	根府川 〃	7.9	...	1.07		...	2.29		...	3.56	...	...	5.34	...	...	...	7.25
	眞鶴 〃	11.2	...	1.20		...	2.43		...	4.09	...	...	5.47	...	...	...	7.38
	湯河原 〃	13.3	...	1.29		...	2.53		...	4.18	...	...	5.56	...	...	...	7.46
	熱海 著	16.7	...	1.41	↓	...	3.05	↓	...	4.30	...	...	6.08	...	...	...	7.58
東海道本線	國府津 發	48.2	...	...	1.02	...	...	2.29	...	...	...	4.20	...	...	5.42	...	...
	下曾我 〃	50.5	...	...	1.11	...	...	2.38	...	...	...	4.29	...	...	5.51	...	...
	松田 〃	54.5	...	...	1.26	...	...	2.53	...	...	...	4.44	...	...	6.06	...	...
	山北 〃	58.1	...	...	1.44	...	...	3.10	...	...	...	5.03	...	...	6.24	...	...
	駿河小山 〃	63.6	...	...	2.08	...	...	3.34	...	...	...	5.27	...	...	6.48	...	...
	御殿場 〃	70.3	...	...	2.40	...	...	4.06	...	...	...	5.59	...	...	7.20	...	...
	裾野 〃	79.7	...	...	3.05	...	...	4.31	...	...	...	6.24	...	...	7.45	...	...
	三島 〃	82.7	...	...	3.15	...	...	4.40	...	...	...	6.34	...	...	7.54	...	...
	沼津 著	85.6	...	...	3.23	...	...	4.48	...	...	...	6.42	...	...	8.02	...	...
東海道山陽本線及線	沼津 發	85.6	...	...	3.31	...	...	4.54	...	...	...	6.50	...	...	8.10	...	...
	靜岡 著	119.2	...	...	5.02	...	...	6.20	...	...	...	8.21	...	...	9.43	...	...
	名古屋 〃	234.6	...	...	10.26	...	...	11.32	...	...	...	豊橋著 11.44	...	...	濱松著 11.55	...	...
	京都 〃	326.4	...	姫路著 7.02	3.03	...	明石著 7.15	4.00	...	...	...		...	...		...	...
	大阪 〃	353.2	...		4.11	...		5.18	...	...	...		...	...		...	...
	神戸 〃	373.5	...		5.13	...		6.25	...	...	...		...	...		...	...
	下關 〃	702.8	...		...	...		...	...	...	...	...	...	...	...	...	...

細字ハ午前　太字ハ午後　レハ通過　*ハ乘換　㊙ハ洗面所設置驛　囲ハ辨當販賣驛　〒ハ公衆電報取扱驛　⊐ハ赤帽所在驛　●ハ接續驛

☞線路ノ傍ニ記シアル括弧内ノ數字ハ參照時刻表所載頁ヲ示ス　驛名欄中括弧ヲ附シタル區間ニハ直通又ハ接續列車ノミヲ掲グ

東海道本線下り（沼津・浜松間）

大正十二年七月一日改正

沼津・濱松間

特ニ示シタルモノヽ外二、三等車

下リ列車

線名	驛名	哩程	5	7	29	15	23	31		71		73	75	21
東	東京 發	0.0	8.10	8.30	8.40	8.45	10.10	11.00	...	...	...	...	...	4.45
	横濱 〃	18.2	8.55	9.15	9.25	10.35	10.56	11.46	...	...	...	...	...	5.26
	國府津 〃	48.2	10.03	10.23	10.39	11.45	12.34	12.54	...	...	...	...	5.00	7.03
	沼津 著	85.6	11.58	12.17	12.59	1.40	2.32	2.49	...	...	...	...	7.19	9.26
海道本線	沼津 發	85.6	12.04	12.23	1.07	1.49	2.38	2.55	...	...	...	6.00	7.26	9.34
	原 〃	89.7	レ	レ	レ	レ	レ	レ	...	...	...	6.12	7.37	9.45
	鈴川 〃	95.0	レ	レ	レ	レ	レ	レ	...	...	...	6.23	7.48	9.56
	富士 〃	98.0	レ	レ	レ	レ	レ	3.21	...	...	...	6.33	7.57	10.05
	岩淵 〃	100.2	レ	レ	レ	レ	レ	レ	...	...	...	6.41	8.05	10.13
	蒲原 〃	103.5	レ	レ	レ	レ	レ	レ	...	...	...	6.50	8.14	10.22
	由比 〃	105.6	レ	レ	レ	レ	レ	レ	...	...	...	6.57	8.21	10.29
	興津 〃	109.3	レ	レ	レ	レ	レ	レ	...	...	...	7.07	8.30	10.38
	江尻 〃	112.5	レ	レ	レ	レ	レ	3.53	...	...	...	7.16	8.38	10.46
	靜岡 著	119.2	1.05	1.24	2.11	2.53	3.44	4.07	...	...	...	7.32	8.52	11.01
	靜岡 發		1.09	1.28	2.15	2.58	3.48	4.11	...	5.50	...	7.37	8.57	11.06
	用宗 〃	123.2	レ	レ	レ	レ	レ	レ	...	6.01	...	7.48	9.08	11.17
	燒津 〃	127.5	レ	レ	レ	レ	レ	レ	...	6.12	...	7.59	9.19	11.28
	藤枝 〃	131.6	レ	レ	レ	レ	レ	4.38	...	6.24	...	8.11	9.30	11.39
	島田 〃	136.3	レ	レ	レ	レ	レ	4.50	米原・明石間第六七一列車	6.37	米原・姫路間第六七三列車	8.24	9.42	11.51
	金谷 〃	139.5	レ	レ	レ	レ	レ	5.01		6.49		8.36	9.53	12.02
	堀ノ内 〃	145.3	レ	レ	レ	レ	レ	5.15		7.03		8.50	10.07	12.16
	掛川 〃	149.7	レ	レ	レ	レ	レ	5.26		7.14		9.01	10.18	12.27
	袋井 〃	155.2	レ	レ	レ	レ	レ	5.38		7.26		9.13	10.30	12.39
	中泉 〃	160.0	レ	レ	レ	レ	レ	5.49		7.38		9.25	10.41	12.50
	天龍川 〃	164.2	レ	レ	レ	レ	レ	6.00		7.50		9.37	10.52	1.01
	濱松 著	166.9	2.37	2.58	3.45	4.30	5.24	6.07		7.57		9.44	10.59	1.08
東山海陽道本及線	濱松 發	166.9	2.43	3.04	3.51	4.37	5.30	6.14		8.04		9.51	11.05	1.15
	名古屋 著	234.6	4.47	5.09	6.22	6.47	8.19	9.13		11.11		12.58	2.03	4.55
	米原 〃	284.4	6.38	7.01	9.29	8.46	10.54	11.53		1.50		3.36	4.40	7.31
	京都 〃	326.4	8.01	8.25	11.34	10.14	12.57	1.58	...	4.02	...	5.36	6.53	8.36
	大阪 〃	353.2	8.54	9.19	12.49	11.08	1.56	2.57	...	6.12	...	6.42		10.52
	神戸 〃	373.5	9.44	10.07	1.54	12.00	2.54	4.04	糸崎著 11.14	6.13	...	7.44	...	11.58
	姫路 〃	407.6	10.48	11.08	3.40		4.21	5.53		明石著 6.55	...	9.30	...	1.40
	下關 〃	702.8	8.32	10.00		...	6.50				...		...	5.20

線名	驛名	哩程	25	特3	特1	77		79	27	81	83	9	85	11	13					
東	東京 發	0.0	6.25	8.15	8.45	8.25	...	10.30	12.00	1.55	3.15	5.30	4.55	7.00	7.20	...	...	...	...	...
	横濱 〃	18.2	7.10	8.56	9.26	9.09	...	11.22	12.49	2.39	4.02	6.15	5.42	7.41	8.05	...	...	...	...	...
	國府津 〃	48.2	8.48	10.02	10.29	10.59	...	1.02	2.29	4.20	5.42	7.24	7.39	8.45	8.09	...	...	...	...	...
	沼津 著	85.6	11.08	11.54	12.20	1.15	...	3.23	4.48	6.42	8.02	8.25	10.00	10.42	11.04	...	...	...	...	...
海道本線	沼津 發	85.6	11.15	12.00	12.26	1.21	...	3.31	4.54	6.50	8.10	8.32	10.08	10.49	11.11	...	...	...	...	...
	原 〃	89.7	11.26	レ	レ	1.33	...	3.43	5.05	7.02	8.23	レ	10.20	レ	レ	...	...	...	...	...
	鈴川 〃	95.0	11.37	レ	レ	1.44	...	3.54	5.16	7.13	8.35	レ	10.31	レ	レ	...	...	...	...	...
	富士 〃	98.0	11.46	レ	レ	1.54	...	4.04	5.25	7.23	8.45	レ	10.41	レ	レ	...	...	...	...	...
	岩淵 〃	100.2	11.54	レ	レ	2.02	...	4.12	5.33	7.31	8.53	レ	10.49	レ	レ	...	...	...	...	...
	蒲原 〃	103.5	12.03	レ	レ	2.11	...	4.21	5.42	7.40	9.02	レ	10.58	レ	レ	...	...	...	...	...
	由比 〃	105.6	12.10	レ	レ	2.18	...	4.28	5.49	7.47	9.09	レ	11.05	レ	レ	...	...	...	...	...
	興津 〃	109.3	12.19	レ	レ	2.23	...	4.38	5.58	7.57	9.19	レ	11.15	レ	レ	...	...	...	...	...
	江尻 〃	112.5	12.27	レ	レ	2.36	...	4.46	6.06	8.05	9.27	レ	11.23	レ	レ	...	...	...	...	...
	靜岡 著	119.2	12.42	12.53	1.20	2.52	...	5.02	6.20	8.21	9.43	10.35	11.38	11.52	12.12	...	...	...	...	...
	靜岡 發		1.32	12.57	1.21	2.57	...	5.07	6.24	8.26	9.48	10.39	...	11.55	12.15	...	...	...	...	...
	用宗 〃	123.2	1.43	レ	レ	3.08	...	5.18	6.35	8.37	9.59	レ	...	レ	レ	...	...	...	...	...
	燒津 〃	127.5	1.54	レ	レ	3.19	...	5.29	6.46	8.48	10.10	レ	...	レ	レ	...	...	...	...	...
	藤枝 〃	131.6	2.05	レ	レ	3.31	...	5.41	6.57	9.00	10.22	レ	...	レ	レ	...	...	...	...	...
	島田 〃	136.3	2.17	レ	レ	3.44	...	5.54	7.09	9.13	10.35	レ	...	レ	レ	...	...	...	...	...
	金谷 〃	139.5	2.28	レ	レ	3.56	...	6.06	7.20	9.25	10.47	レ	...	レ	レ	...	...	...	...	...
	堀ノ内 〃	145.3	2.42	レ	レ	4.10	...	6.20	7.34	9.39	11.01	レ	...	レ	レ	...	...	...	...	...
	掛川 〃	149.7	2.53	レ	レ	4.21	米原・富山間第六〇三列車 富山著 7.36	6.31	7.45	9.50	11.12	レ	...	レ	レ	...	...	...	...	...
	袋井 〃	155.2	3.05	レ	レ	4.33		6.43	7.57	10.02	11.24	レ	...	レ	レ	...	...	...	...	...
	中泉 〃	160.0	3.16	レ	レ	4.45		6.55	8.08	10.14	11.36	レ	...	レ	レ	...	...	...	...	...
	天龍川 〃	164.2	3.27	レ	レ	4.57		7.07	8.19	10.26	11.48	レ	...	レ	レ	...	...	...	...	...
	濱松 著	166.9	3.34	2.14	2.40	5.04		7.14	8.26	10.33	11.55	12.09	...	1.25	1.43	...	...	...	...	...
東山海陽道本及線	濱松 發	166.9	3.40	2.20	2.45	5.10		7.21	8.33	10.40	...	12.15	...	1.31	1.49	...	...	...	...	...
	名古屋 著	234.6	6.39	4.08	4.32	8.17		10.26	11.32	豊橋著 11.44	...	2.21	...	3.36	3.52	...	...	...	...	...
	米原 〃	284.4	8.58	5.47	6.10	11.00		1.04	2.00		...	4.14	...	5.29	5.43	...	...	...	...	...
	京都 〃	326.4	11.00	7.01	7.24	...	...	3.03	4.00		...	5.38	...	7.03	7.24	...	...	...	...	...
	大阪 〃	353.2	12.11	7.50	8.12	...	...	4.11	5.18	...	...	6.32	...	8.02	8.27	...	...	...	...	...
	神戸 〃	373.5	1.00	8.40	9.00	...	...	5.13	6.25	...	...	7.25	...	8.55	9.25	...	...	...	...	...
	姫路 〃	407.6		8.41	10.01	...	...	7.02	明石著 7.15	...	...		...	...	...	...	...	...	...	...
	下關 〃	702.8	...	8.05	8.30	...	...	...		...	...	...	...	...	...	...	...	...	...	...

特別急行料金を要する列車

東京・下關間……第1,3列車

普通急行料金を要する列車

東京・下關間……第5,7列車

東京・神戸間……第9,11,13,15列車

寢臺車連結列車と寢臺使用料金

一等｛上段 5.00圓／下段 7.00圓｝……｛東京・下關間……第1,7列車／東京・神戸間……第11列車｝

二等｛並型｛上段 3.00圓／下段 4.50圓｝／大型 下段 6.50圓｝…｛東京・下關間……第1,7,23列車／東京・糸崎間……第31列車／東京・姫路間……第29列車／東京・神戸間…第11,13,15列車｝

食堂車連結列車

和食……第3,5,9,23列車

洋食……第1,7,11,13列車

和、洋食……第15列車

急行料金及列車食堂内定食料金ハ 221 頁參照

細字ハ午前　太字ハ午後　レハ通過　㊙ハ洗面所設置驛　囲ハ辨當販賣驛　〒ハ公衆電報取扱驛　⊐ハ赤帽所在驛　●ハ接續驛

☞線路ノ傍ニ記シアル括弧内ノ數字ハ參照時刻表所載頁ヲ示ス　驛名欄中括弧ヲ附シタル區間ニハ直通又ハ接續列車ノミヲ掲グ

日本交通公社刊、「時刻表復刻版・汽車時間表」より転載。

中央・信越線

飯田町駅（現貨物駅）甲武鉄道時代。

万世橋駅付近の電車　関東大震災以前の写真。現在交通博物館があるところ。

中央本線

本線は東海道線と同じく東京駅を起点として市の中央部を貫き、武蔵野の平野を走って八王子に至り、それから笹子の嶮を潜って甲府に下り、更に諏訪湖畔を回り、塩尻からは北に篠ノ井線を分かって信越線と接続し、木曽川に沿ってその峡谷を走り、木曽福島、中津川などの名邑を経て多くの隧道を貫き、高蔵寺辺から濃尾平野に出で、名古屋に至って東海道本線、関西本線に接続するのである。

この線の通っている甲信地方は、車窓からの眺望は雄大崇高である。東海道線の車窓からその下流のみを見ている木曽川などの源流に接するのも、旅行の興味をそそられる。

阿佐ケ谷から浅川辺まで、いわゆる武蔵野から見た富士の眺望は左窓に開け、笹子隧道を出て勝沼から塩山に下る間、三〇〇〇メートルを超える山岳の連峰が望まれ、甲府に近づくにつれて富士が次第に顔を出して来る。日野春から北、富士見高原を登って諏訪湖畔に下る間は、右に雄大な裾を流して聳える八ケ岳がある。

青柳に行くと初めて日本北アルプスの一部が眼前に現われ、茅野からは八ケ岳の北に蓼科の美しい姿が見える。諏訪の湖光に別れて塩尻に行くと穂高岳がその北方に聳え、塩尻駅から中央本線に分かれ篠ノ井線に入れば松本平が開け、松本駅から明科駅までの間、北アルプスの東部をなす諸山稜が南北一列に高く連なり聳えて左窓近くに眺められ、姨捨駅に登ると善光寺平を俯瞰し、はるかに草津白根山など上信国境の諸山が右窓に眺められる。

さらに木曽路に入ってからは駒ケ岳が左に、木曽の御嶽さんが右に聳え、寝覚ノ床、小野ノ滝など皆車窓から見ることが出来て、この線の旅行はほとんど足、地を踏まずとも得るところが多い。

東　京（とうきょう）　東海道本線参照。

飯田町（いいだまち）　汽車の始発駅。

新　宿（しんじゅく）　山手線分岐点。小田原急行電鉄、西武電鉄、京王電鉄接続点。

武蔵境（むさしさかい）　西武鉄道多摩線接続点。この線は武蔵境、是政間八キロ、是政から府中町へは一・七キロ、▼東京天文台　西南三キロ半。

国分寺（こくぶんじ）　西武鉄道川越線および多摩湖鉄道接続点。▼国分寺址　約一キロ、遺蹟は今退廃してたんぼの間に礎石を残すのみである。

▼西武鉄道　国分寺から所沢を経て川越まで二九・六キロ。（山手線高田馬場駅参照）

▼多摩湖鉄道　国分寺、小平間五・三キロ、萩山、村山貯水池間三・五キロ。

国　立（くにたち）　東京商科大学（専門部）がある。

立　川（たちかわ）　青梅鉄道および南武鉄道接続点。季節には遊漁に出掛ける人が多い。付近に立川飛行場がある。

▼青梅鉄道　立川、御岳間二六・七キロ。

▼五日市鉄道　青梅鉄道の拝島駅から武蔵岩井まで一三・八キロ。

八王子（はちおうじ）　横浜線分岐点。京王電軌接続点。桐生、足利と共に関東における主要な機業地の一つである。人口四万八〇〇〇余。

与　瀬（よせ）　▼相模川下り　西南約一キロを離れた勝瀬から乗船、厚木まで舟程三八キロ、約八時間で下る。

上野原（うえのはら） 駅付近は鮎漁に適する。

猿　橋（さるはし） ▼猿橋　汽車が猿橋駅に近づいて桂川を渡る時、右窓近くに見える。日本三奇橋の一つで、長さ三一メートル余、橋下一柱の支えるものもなく、崖をうがって礎を置き、互いに寸を延べ尺を進めて相会する。

名物　鮎すし。

大　月（おおつき） ▼富士登山吉田口　駅から富士吉田まで富士山麓電鉄で二三・七キロ、一時間。吉田口は登山路の眺望も駿河方面よりよく、五合目まで森林帯で日光の直射を避けることが出来て、最も容易な登山路として昔の富士行者は多くこの方面から登ったものである。

笹　子（ささご） 駅から笹子峠の頂まで四キロ、昔は甲州街道第一の嶮路であった。今鉄道はこの峠の下をくぐっている。トンネルの長さ四六五六メートル。

初鹿野（はじかの） ▼天目山　東六キロ、武田氏滅亡の地で山麓の景徳院は武田勝頼の菩提所である。

勝　沼（かつぬま） 駅前から甲府盆地一帯を見渡した眺望が広い。甲州ブドウは文治二年栽培したのが始めで、現在の県下総年産額は一三五万円に達している。

塩　山（えんざん） ブドウ、桜桃の産地、大菩薩峠や秩父登山の下車駅。

日下部（くさかべ） ▼国幣中社浅間神社　南五キロ、木花開耶姫命を祀り、古えの甲斐国一ノ宮である。

酒　折（さかおり） ▼酒折宮址　駅付近、日本武尊駐軍の古蹟。

上野原駅　大正～昭和初期の写真。

大月駅　大正期。

笹子トンネル初鹿野口　大正期。

甲府駅　明治36年開通当時。

甲府駅構内　開通当時。

韮崎駅　昭和初期。

韮崎駅構内　昭和初期。当時は現在よりも下の地表面にあり、スイッチバック駅だった。

甲　府（こうふ）　一二三・八キロ　富士身延鉄道接続点。飯田町から五時間半、甲府盆地の中央に位し、山梨県の中心都市で、生糸、まゆ、ブドウ、織物、ブドウ酒などは一度ここに集まって再び各地に発送される。人口七万九〇〇〇。▼舞鶴公園　駅付近、甲府城址である。

名物　ブドウ、ブドウ酒、印伝、水晶、甲斐嶺焼。

▼富士身延鉄道　東海道線富士駅まで八八キロ。

韮　崎（にらさき）　▼甘利山のツツジ　西南八キロ、山上数百アールにわたる芝原地帯に蓮華ツツジは一面に群生し、六月中旬から下旬にわたっての花期になると満山紅の海と化し、壮麗である。

日野春（ひのはる）　駅の西四キロ、日蓮宗実相寺内の神代桜は樹齢一八〇〇年、周囲約一三メートル、日本最古の桜という。

長　坂（ながさか）　▼美ノ森　北約一六キロ、八ケ岳平原にあり、小荒間と共に新しいツツジの名所である。

小淵沢（こぶちざわ）　▼八ケ岳（二八九八メートル）　山麓まで北四キロ。▼小荒間のツツジ　駅の北三・三キロ、八ケ岳の山麓にあり、最近ようやく世に知れかけたツツジの名所。

富士見（ふじみ）　海抜九一二メートル、富士観望で知られ、その他四囲の大岳の展望がよい。

茅　野（ちの）　全国に知られた寒天の産地、年産一一六万円。

上諏訪（かみすわ）　**下諏訪**（しもすわ）　共に諏訪湖畔にあり、製糸業地としてまた温泉地として聞こえ、また冬は諏訪湖が氷結するのでスケート場としても知られている。

▼**諏訪湖**　周囲二〇キロに近く、海抜七五〇メートルの高地にあるが、上下諏訪、岡谷の製糸工場の煙突が湖畔に林立しているので、山湖という感じには乏しい。

▼**官幣大社諏訪神社**　建御名方神とその妃八坂刀売命を祀る信濃第一の神社で、上下両社に分かれ、上社は諏訪から南六キロ、下社は春秋両宮に分かれ、共に下諏訪から七〇〇メートル内外の近くにある。

岡谷（おかや）　製糸業地として、世界的に名を知られている信州生糸の主産地で工場が群立し、その年産額は一億円を超える。

辰野（たつの）　伊那電鉄接続点。

▼**伊那電気鉄道**　辰野駅から天竜川の東辺に沿って伊那、赤穂、飯島、飯田を経て天竜峡まで七九・八キロ。

塩尻（しおじり）　新宿から二二七・五キロ　名古屋から一七五・一キロ　篠ノ井線分岐点。▼塩尻峠　東北六キロ、諏訪平原、松本平の展望台。

洗馬（せば）　中山道、北国街道の追分でここからいわゆる木曽路に入る。木曽義仲が馬を洗ったという清水がある。

奈良井（ならい）　▼鳥居峠　四キロ、海抜一一九七メートル、木曽川の分水嶺、天正一〇年木曽義昌が武田氏を破った古戦場。

藪原（やぶはら）　お六くしの本場、年産額四万円。

宮ノ越（みやのこし）　▼徳音寺　三〇〇メートル、木曽義仲の菩提所。付近に義仲に関する古蹟が多い。

木曽福島（きそふくしま）　一三三・三キロ　中津川と共に木曽路の繁華な都会で、江戸時代には関所を設けていた。毎年七、九月の二回馬市が開かれ盛んである。名物　奇応丸、百草、つぐみ、フキの砂糖漬、お六くし。

▼**木曽御嶽登山**　西北三八キロ、信飛国境

諏訪湖畔の中央本線

塩尻駅　昭和初期か。現在より少し小野駅方向に寄った所にあり、名古屋方面から来た列車は逆行して松本方面へ行った。

中津川駅　明治35年、開設記念式典の写真である。

土岐津駅（現土岐市駅） 明治末～大正初期。

太多線広見駅 昭和4年頃。

太多線

この線は多治見から分かれて美濃太田に至り高山線に接続している。

広　見（ひろみ）　東美鉄道（広見、御嵩間六・八キロ）、名古屋鉄道(広見、犬山口間一五キロ）接続点。

▼鬼岩温泉　御嵩の東六キロ。

美濃太田（みのおおた）　高山線分岐点。

上に聳え通称「御嶽さん」といい、北アルプスの主峰で海抜三〇六三メートル、昔から信仰登山者の多い山で夏季は白衣姿が踵(きびす)を接する。

上　松（あげまつ）　▼駒ケ岳　木曽山脈の最高峰で、海抜二九五六メートル。北に将棋頭山、茶臼山を連ね、南に空木ケ岳、南駒ケ岳など二七〇〇～八〇〇メートルの山峰を連ね、南北アルプスに対し中央アルプスの名がある。

三留野（みどの）　この駅から次の坂下駅に至る間、木曽川の河岸四キロに渡って、賤母山の斜面一帯に賤母の紅葉郷がある。

坂　下（さかした）　坂川鉄道接続点。坂下、奥屋間八キロ。

中津川（なかつがわ）　七九・九キロ　北恵那鉄道接続点（中津川、下付知間二二・二キロ）。町は木曽山中に入る昔の関門で、今は繁華な街をなしている。

大　井（おおい）　矢作電車大井、岩村間一二・二キロ、北恵那鉄道接続点。

土岐津（ときつ）　駄知鉄道接続点。土岐津、東駄知間一〇・五キロ。

多治見（たじみ）　太多線分岐点および笠原鉄道（新多治見、笠原間四・六キロ）接続点。美濃焼の主産地として知られている。

定光寺（じょうこうじ）　▼定光寺　駅の東一・三キロ、臨済宗の巨刹で尾張藩祖の菩提所。

大曽根（おおぞね）　瀬戸電鉄接続点。

▼瀬戸電気鉄道　名古屋市内堀川を起点とし、大曽根を経て瀬戸まで行く、二〇・九キロ。

名古屋（なごや）　東海道本線参照。

熊の平駅（廃止）　明治45年電化当時。しばらく蒸気機関車と併用した。

碓氷橋　アプト式の蒸気機関車は明治26年から碓氷峠を越えた。

信越本線

本線は高崎を起点として、長野、直江津を経て新潟に達している。列車は上野駅から高崎線を通じて新潟に直通するもの三本あり、内一本は急行で約一二時間を要し、別に上野からこの線を経て金沢に至る急行一本、東海道線米原へ一本、新潟から北陸線を経て山陽線姫路に至るもの一本、青森から羽越線およびこの線を経て北陸線を回って神戸に至るもの一本、大阪に至るもの一本、直江津から明石行き一本、米原行き二本がある。

上毛三山赤城、妙義、榛名の観望台ともいうべき高崎から信越線に入ると、妙義の奇峰は車窓の眺めに入る。

碓氷峠は古来中山道第一の天嶮と称せられている。我が国有鉄道線路中第一の難所で、アプト式鉄道により急勾配の傾斜線を登り、二六のトンネルを出入し、一時間半の間に二六の明暗に会う。紅葉の時最も美観である。横川、軽井沢間には電気機関車を使用しているから、車内煤煙の侵入に悩まされることなく、心静かにこの風光を観賞することができる。

軽井沢は碓氷峠の西麓の高原、海抜九三九㍍、中央本線の富士見駅と共に、本邦における最高停車場のひとつである。これから汽車は右に浅間の煙を見つつ走り、上田からは千曲川に沿うて下り、長野を後にして柏原に至れば南に飯綱、北に妙高、西に戸隠、東に斑尾、各数十㌔を隔てて対向し、黒姫その中央にあって駅の前面に聳立し、思わず人をして車窓を開かしめるのである。柏原から信越の境を越えて田口、関山に至る間は冬季積雪甚しく、汽車はしばしば進行を阻止されるので、所々にスノーセット（雪除トンネル）を設けてある。

直江津から鉄路右に折れて日本海岸に沿い、柏崎からは海岸に沿って越後線が分かれ、日本海から離れて信濃川の流域なる越後平野に出で、来迎寺からは魚沼線、宮内からは上越北線を分かち、途中越後川口から十日町線を分け、長岡、三条および新津を経て新潟に達するのである。新津は磐越西線および羽越線の接続点である。

駅名の下に記したキロ程は上野駅起点

磯　部（いそべ）▼磯部鉱泉　北約半㌔、胃腸病、神経痛などに効く。碓氷川に面し、榛名、妙義、浅間の諸山が望める。

松井田（まついだ）▼妙義山　西南五㌔、自動車五〇銭、山は海抜一一〇四

㍍、白雲、金洞、金鶏の三つに分かれる。各山とともに、その表皮となっている土壌が、ほとんど跡なく洗い去られた骨格のみで、岩盤は累々とした礫塊の一集群になっている。秋季はおびただしい登山者を招く。

横　川（よこかわ）　碓氷峠を越える電気機関車の準備駅である。

熊ノ平（くまのたいら）▼碓氷の紅葉　駅付近十数㌔の間。紅葉狩には軽井沢に下車して旧街道を横川、または熊ノ平に出るのがよい。

名物　力餅。

軽井沢（かるいざわ）　一四二・三㌔　草津電鉄接続点。上野から約五時間、昔は追分、沓掛と共に浅間根の三宿といわれたところ、海抜九四〇㍍の高原で大気新鮮、水清く、間近に浅間山の噴煙を見る。毎年避暑の内外人が多く、その別荘が相望んでいる。

沓　掛（くつかけ）　もと浅間根の三宿の一つ、付近には天然氷を産する。

▼**浅間山**　浅間山北約一三㌔、沓掛から峯ノ茶屋まで約八㌔、自動車があり、徒歩わずか五㌔で山頂に達する。山頂の眺望は宏潤豪壮で、富士、秩父、八ケ岳、北アルプスおよび上信越国境の山々、日光諸山などが望める。

信濃追分（しなのおいわけ）　中山道と北国街道との追分で、昔は木曾路と北国街道との分かれる浅間根の宿駅として、人馬絡繹（らくえき）とした紅灯の巷で、絃歌は日に夜をついだ一大歓楽境であった。

▼**草津電気鉄道**　海抜九四〇㍍の軽井沢から一三七〇㍍の草津まで五五・五㌔、その間上信越国境一二〇〇㍍余の高地を馳せ、車窓の眺観に富んでいる。

軽井沢駅　大正期。

軽井沢駅プラットフォーム　駅職員の出した絵ハガキの写真。事務所が示されている。

草津軽便鉄道　電化以前（後の草軽電鉄）上信国境から浅間山を望んで走った。

小諸駅待合室　大正10年。

小　諸（こもろ）佐久鉄道、布引電鉄接続点。もと牧野氏二万五千石の城下で千曲川の東辺にある。町は島崎藤村氏の「小諸なる古城のほとり」その他によって文学愛好者になつかしいところである。▼**小諸城址**　西二二〇㍍、取残されているただ一つの城門には懐古園という扁額がかかっている。旅客の思いを誘うさびしい城址である。

▼**布引電気鉄道**　小諸、嶋川原間七・六㌔。

滋　野（しげの）▼力士雷電為右衛門の碑　東北半㌔。

田　中（たなか）▼鹿沢温泉　駅から新張まで四㌔、乗馬あり賃三円五〇銭。

大　屋（おおや）丸子鉄道接続点。▼信濃国分寺　西北二㌔、残存する三層の経塔は国宝となっている。

▼**丸子鉄道**　大屋、丸子町間六・四㌔、大屋、上田東間五・五㌔。

小諸駅頭　大正10年。

中込駅　この写真は、佐久鉄道が国鉄に買収され小海線となった祝賀式のものである。昭和10年。

小海駅　中込駅同様、買収後の昭和10年頃。手前が構内である。

▼佐久鉄道　小諸、小海間三〇・六キロ。**中　込**（なかごみ）　中込町は千曲川を隔てて野沢町と相対し、この両町と桜井村は鯉の産地として知られている。▼内山峡の奇勝　東四キロ余。**小　海**（こうみ）　地は海抜八九〇メートル、八ケ嶽、金峯山国師岳登山の登路に当たり、西四キロに松原湖の幽邃（すい）境がある。

上田駅付近の信越本線列車　大正期。

上田駅　明治後期。

戸倉駅　大正初期。

上　田（うえだ）　一八二・七キロ　上田温泉電軌接続点。市はもと真田氏の城下で後、松平氏五万三千石の城下として栄え、人口三万四〇〇〇。信州における養蚕、機織業の中心をなし、蚕糸および蚕卵紙の取引きが盛んで上田縞を産する。関ケ原の役に真田氏が秀忠の西下を阻止した上田城址は西北一キロ、自動車がある。
名物　みすず飴、松茸、串柿。
▼別所温泉　西南約一一キロ、電車、自動車がある。古い温泉で「枕草子」の七久里の湯、「春雨抄」の相染川の歌枕もこの湯とそこの小流だといわれている。

戸　倉（とぐら）　▼戸倉温泉　西南約二キロ、自動車がある。▼上山田温泉　西南二キロ、自動車がある。

屋　代（やしろ）　長野電気鉄道河東線接続点。

篠ノ井（しののい）　二〇七・九キロ　篠ノ井線分岐点。上野から普通列車で約七時間。駅は千曲川、犀川の中洲なる川中島の中央にあり、謙信、信玄の古戦場は東北四キロ余のところにある。

川中島（かわなかじま）　駅付近一帯の地は川中島の古戦場。

長　野（ながの）　二一七・二キロ　上野から急行で六時間余、飯田町から一三時間、名古屋から約九時間。著名の霊刹善光寺があるので昔は善光寺町といい、越後、越中から江戸に通ずる駅路にもあたっていて、主として門前町として発展した街。人口七万三〇〇〇、陶土、簞笥、杞柳（やなぎ）、木通（あけび）細工、麻糸、干杏などを産する。

名物　そば、りんご、杏羊羹。

▼**善光寺**　北約二キロ、天台、浄土二宗の僧尼が奉仕し、大勧進と大本願とに分かれている。本尊は一光三尊仏と称される閻浮（えんぶ）檀金の阿弥陀如来で、厨子は七重の戸張でおおわれ世に秘仏といっている。

▼**長野電気鉄道**　この鉄道は屋代から千曲川の東辺を走って松代、須坂を経て木島に至る五〇・四キロ。途中信州中野から湯田中まで七・六キロ。

長野電気鉄道須坂駅　大正後期。

長野駅　大正後期。

長野駅前から長野駅を望む　大正期。

飯山鉄道（現飯山線）飯山駅前　大正後期。

▼飯山鉄道　豊野から千曲川の西辺を走り、飯山、上境を経て十日町線十日町まで七五・三㌔。

高田駅　明治後期。

豊　野（とよの）　飯山鉄道接続点。

柏　原（かしわばら）　**▼野尻湖**　北四㌔、自動車がある。周囲一二㌔、黒姫、戸隠、妙高などの大山群をもつ高原の上にある。近来外人の別荘が増え、軽井沢の人気は次第にこの地に移りつつある有様で、蚊のいないよい避暑地である。名物　そば。

▼戸隠山　西一九㌔、途中地震滝の名勝あり、山麓まで駄馬、案内者がある。山は海抜二三五三㍍、山頂から西に北アルプス白馬連峰から後立山山脈の諸峰が最も近く望める。北は妙高山および信越国境の山々を望んで眺望がよい。山中に国幣小社戸隠神社がある。

田　口（たぐち）　**▼妙高温泉**　西南半㌔余、自動車がある。

▼妙高山　赤倉温泉から頂上まで一二㌔、七時間で上下することが出来る。山は海抜二四四六㍍、スキーの好適地として名高く、妙高、池ノ平、赤倉、関の諸温泉は毎冬三〇〇〇人近くのスキー客が集まる。

関　山（せきやま）　**▼関温泉**　西南六㌔半、夏季自動車があり、上り一円五〇銭、下り一円。避暑によくまたスキーによい。

高　田（たかだ）　二八五・五㌔　もと榊原氏十五万石の城下人口三万三〇〇〇。有名な積雪地で晩冬の候には市街は丈余の積雪に埋もれる。土地ではスキーの製作が盛んで年産額三〇万円に達している。

名物　毛抜、笹飴、粟飴、スキー菓子。

直江津（なおえつ）　二九二・二㌔　北陸本線分岐点。上野から約九時間、荒川の川口にあり、北越の要港で日本海に臨

鯨波駅　明治～大正期。

直江津駅構内　大正期。

安田駅　明治35年頃。

んでいる。
▼春日山城址、林泉寺　西南四㌔、自動車賃切二円五〇銭、高田駅からは西六㌔、人力車がある。上杉謙信の依って府城としたところ。

黒　井（くろい）　頸城鉄道接続点。
▼頸城鉄道　黒井、浦川原間一五㌔。

柿　崎（かきざき）　▼米山薬師　東一四㌔、内六㌔は自動車（三五銭）がある。

鉢　崎（はつざき）　▼大清水観世音　東約南二㌔余。

鯨　波（くじらなみ）　付近は海水浴場である。

柏　崎（かしわざき）　三二八・五㌔　越後線分岐点。柏崎付近には油田多く、日本石油製油所がある。

〔安田〕（やすだ）

越後広田（えちごひろた）　▼中村の大杉　一㌔半、中村の白山神社境内にあり高さ約六〇㍍、根元の周囲一一㍍、樹齢約一〇〇〇年と註される大木で、天然記念物に指定されている。

来迎寺（らいこうじ）　魚沼線分岐点および長岡鉄道接続点。

宮　内（みやうち）　上越北線分岐点。

上越北線（現上越線）東小千谷駅（現小千谷駅） 大正9年開業当時。清水トンネルが開通するまでは北線と南線に別れていた。当時の線路区分だと信越線に入る。

十日町線（現飯山線）十日町駅 昭和2年。

上越北線小出駅 大正後期。

上越北線浦佐駅 大正12年開業当時。

十日町線

越後川口から分かれて信濃川に沿い、十日町に至る二一・四キロ、十日町で飯山鉄道に接続し、信越線豊野に通ずる。

越後岩沢（えちごいわさわ）▼愛染明王東四キロ。

十日町（とおかまち）飯山鉄道接続点。有名な絹織物の産地で、年産額四三〇万円にのぼる。

上越北線

この線は宮内から分かれて南に向かい、信濃川の流れに沿って越後川口に至り、そこからは魚野川の流域を走って越後湯沢まで開通しているが、近く上越国境の清水トンネルを越えて現に水上まで開通している上越南線と接続する予定である。別に越後川口から十日町まで十日町線がある。現在列車は長岡を起点として運行している。

越後滝谷（えちごたきや）駅の東辺の諸村には牛の飼育が盛んで、春秋二季闘牛がある。

東小千谷（ひがしおぢや）小千谷町の川東にあり、町は越後ちぢみで知られたところ。

越後川口（えちごかわぐち）十日町線分岐点。信濃、魚野二川合流点にあって、川合神社がある。

越後堀之内（えちごほりのうち）▼根小屋鮎漁場 東北二キロ、魚野川に簗を設けて獲る、新潟県下第一の鮎漁場である。

小出（こいで）▼栃尾又温泉 東北一二キロ、佐梨川の上流にあり、ラジウム含有量日本第三位を占めている。

浦佐（うらさ）▼毘沙門堂 駅付近普光寺内にあり、三月三日の縁日はいわゆる押合祭で名高いものである。

五日町（いつかまち）▼八海山 頂上まで六時間を要する。山頂に八海明神を祀り、山の東に接して中ノ岳、その北に連なって駒ケ岳があり、いわゆる三本岳である。

六日町（むいかまち）魚野川の左岸にあり、三国街道の要衝である。

塩沢（しおざわ）越後上布の産あり、年産額一万反、三〇万円におよぶ。また

塩沢駅に初めて到着したロータリー雪かき車 昭和初年。

塩沢駅 開業祝賀風景。大正12年。

はっかの産地。

越後湯沢（えちごゆざわ） ▼湯沢温泉
昔は三国峠の駅路にあたり、疲れをいやした温泉で、魚野川の左岸小丘にあり風景美に富んでいる。

清水峠は昔三国峠と相並んで上州への通路であった。近代三国が間道とされたので往来が途絶えたのを、明治一八年清水の山道を修理して交通の便を開いたが、現在では東洋一の清水トンネルがこの下を貫いている。

長岡駅　大正期

長岡操車場　大正期。

長　岡（ながおか）　三六五・二キロ　栃尾鉄道接続点。

長岡はもと牧野氏二万四千石の城下、人口五万五〇〇〇。付近に石油の産出多く、東山油田があり、また越後平野の中心に位置し米産年額三〇〇万石、旧城址

城岡駅（現北長岡駅）　大正四年。

三条駅　大正期。

東三条駅　大正期。

は今停車場および公園となっている。名物　越の雪、なお俚謡に長岡甚句がある。

〔城岡〕（しろおか）

見　附（みつけ）　機業が盛んで、絹綿交織の新節織がある。

三　条（さんじょう）　刃物、足袋および黄銅度器の産地、特に金物類は年産額一八三万八二〇〇円にのぼる。

東三条　（ひがしさんじょう）　弥彦線分岐点。弥彦線は南は越後長沢へ、北は越後線の西吉田を通過して弥彦に至る。

加茂駅 国鉄となる一年前、北越鉄道の加茂駅頭。明治三九年。

弥彦線 北三条駅 昭和初期。

弥彦線 燕駅 大正後期。

弥彦線

越後長沢（えちごながさわ）▼県立種畜場 東四キロ。

〔北三条〕（きたさんじょう）

燕（つばめ）▼月潟の梨園 東北六キロ、中ノ口川の沿岸にあり、年収約二〇万円。越後名物の角兵衛獅子は応永年間月潟の角兵衛という者、中ノ口川氾濫し田畑の被害多く、住民疲憊を極めたのでこれを救おうとして、子弟に獅子舞を教え農閑期に諸方を回らせたのに始まるという。

弥彦（やひこ）▼国幣中社弥彦神社 北一キロ、天香語山命を祀る。越後第一の名祠で参拝者の多いこと全国第四位である。

加茂（かも）

▼青海神社　駅付近。

新津駅　昭和三年頃。

新　津（にいつ）　四一三・三キロ　羽越線およびび磐越西線分岐点。上野から約一一時間半、付近に石油を産し、年産額二二五万円、梨の産もあり年産額二万七〇〇〇円に達する。

亀　田（かめだ）　梨および綿布の産がある。

新　潟（にいがた）　四三〇・三キロ　上野から急行一一時間、信濃川の河口に位し日本海に臨み、市内には溝渠が縦横に通じ、水運の便よくかつ水辺の柳は市を柳の都と呼ばせるほどに風情を添えている。寛文年間河村瑞軒が幕命によって東北沿岸の航路を開いてからその寄港地として開け、昭和三年の貿易額は輸出一四〇〇万円、輸入四五〇万円におよび今北越第一の繁華を呈している。

人口一二万五〇〇〇。漆器、仏壇、石油類、鉄器、肥料、雨傘、履物、綿織物、みそなどを産する。

新潟市内の見物すべきところとしては白山公園と日和山（ひより）とで、白山公園は西二キロ余、信濃川畔にあり、日和山は西北二・七キロ、海岸の砂丘にあり眺望がよい。

名物　梨の実、五穀糖、油香里。

新潟駅 大正後期。

越後鉄道（現越後線）白山駅 大正初期。

中央本線下り（飯田町・塩尻間）

大正十三年六月十一日改正　同十四年四月一日訂補

飯田町・鹽尻間

特ニ示シタルモノハ外二、三等車

下リ列車

線名	驛名		哩程	511	461	461	403	619	451	405	701	431	407	433	409	435	411	437	413	439	441	401	415
中央本線	飯田町	發	0.0	...	...	...	...	...	...	...	6.46	...	9.46	...	12.16	...	3.16	...	5.23	...	...	10.00	11.30
	新宿	着	4.0	...	...	...	...	...	...	...	7.03	...	10.03	...	12.33	...	3.33	...	5.45	...	...	10.17	11.47
	新宿	發		...	...	...	...	...	...	5.30	7.12	8.30	10.12	11.30	12.42	2.18	3.42	4.48	5.54	7.36	9.18	10.24	11.56
	中野	〃	6.8	...	...	...	...	...	...	5.40	7.22	8.41	10.23	11.40	12.53	2.28	3.52	4.58	6.04	7.47	9.28	10.35	12.07
	吉祥寺	〃	11.6	...	...	...	...	...	...	5.54	7.36	8.55	10.37	11.54	1.07	2.42	4.06	5.12	6.18	8.01	9.42	レ	レ
	武藏境	〃	13.6	...	...	...	...	...	...	6.01	レ	9.02	レ	12.01	レ	2.49	レ	5.19	レ	8.08	9.49	レ	レ
	國分寺	〃	17.1	...	...	...	...	...	...	6.11	7.53	9.13	10.54	12.12	1.24	3.00	4.22	5.29	6.35	8.19	10.01	11.04	12.37
	立川	〃	20.9	...	...	...	...	...	...	6.22	8.05	9.25	11.06	12.23	1.36	3.12	4.34	5.40	6.47	8.31	10.12	11.16	12.49
	日野	〃	23.0	...	...	...	...	...	...	6.29	8.12	9.32	11.13	12.30	1.43	3.19	4.41	5.47	6.54	8.38	10.19	レ	レ
	豐田	〃	24.4	...	...	...	...	...	...	6.35	8.18	9.38	11.19	12.36	1.49	3.26	4.48	5.53	7.00	8.44	10.25	レ	レ
	八王子	着	27.0	...	...	...	...	...	...	6.43	8.26	9.46	11.27	12.44	1.57	3.34	4.56	6.01	7.08	8.52	10.33	11.35	1.08
	八王子	發		...	...	...	...	...	...	6.50	8.32	...	11.34	...	2.04	...	5.03	...	7.15	...	...	11.41	1.16
	淺川	〃	30.6	...	...	...	...	...	...	7.03	8.46	...	11.47	...	2.18	...	5.16	...	7.29	...	...	11.54	レ
	與瀬	〃	36.5	...	...	...	...	...	6.10	7.26	9.09	...	12.10	...	2.41	...	5.39	...	7.53	...	...	12.17	レ
	上野原	〃	41.0	...	...	...	...	...	6.38	7.41	9.24	...	12.25	...	2.55	...	5.53	...	8.09	...	...	12.32	レ
	四方津	〃	43.6	...	...	...	...	...	6.52	7.55	9.37	...	12.37	...	3.06	...	6.05	...	8.24	...	...	12.44	2.28
	鳥澤	〃	48.0	...	...	...	...	...	7.13	8.16	9.53	...	12.55	...	3.24	...	6.23	...	8.41	...	...	1.01	レ
	猿橋	〃	50.6	...	...	...	5.20	...	7.45	8.32	10.07	...	1.09	...	3.38	...	6.35	...	8.53	...	...	1.15	3.05
	大月	〃	52.2	...	...	...	5.30	...	7.55	8.41	10.16	...	1.18	...	3.47	...	6.44	...	9.02	...	...	1.24	3.15
	初狩	〃	55.9	...	...	...	5.47	...		8.58	10.33	...	1.35	...	4.04	...	7.01	...	9.13	...	...	1.42	3.34
	笹子	〃	59.8	...	...	...	6.16	...	...	9.27	11.02	...	2.05	...	4.33	...	7.30	...	9.48	...	...	2.11	4.08
	初鹿野	〃	63.5	...	...	...	6.31	...	...	9.40	11.15	...	2.19		4.46	...	7.45	...	10.01		...	レ	4.26
	勝沼	〃	67.1	...	...	...	6.49	...	...	9.53	11.29	...	2.32	503	5.00	...	7.59	...	10.14	507	...	2.38	4.45
	鹽山	〃	69.6	...	...	...	7.00	...	...	10.01	11.37	...	2.40	4.00	5.09	...	8.08	...	10.22	11.00	...	レ	4.57
	日下部	〃	72.9	...	...	...	7.20	...	...	10.10	11.46	...	2.49	4.09	5.19	...	8.18	...	10.31	11.09	...	レ	5.11
	石和	〃	76.4	...	...	...	7.31	...	...	10.19	11.55	...	2.58	4.22	5.30	...	8.29	...	10.40	11.19	...	レ	5.27
	甲府	着	80.3	...	...	...	7.42	...	...	10.28	12.04	...	3.07	4.32	5.42	...	8.38	...	10.49	11.29	...	3.08	5.40
	甲府	發		...	...	...	8.30	...	...	...	12.10	...	3.14	4.35	5.50	...	8.44	...	10.55	...	...	3.15	5.47
	龍王	〃	83.1	...	...	...	8.40	...	...	...	12.19	...	3.23	4.43	6.00	...	8.53	...	11.04	...	...	レ	5.56
	韮崎	〃	88.3	...	...	...	8.59	...	...	...	12.39	...	3.44	5.00	6.20	...	9.11	...	11.23	...	...	3.39	6.16
	穴山	〃	92.8	...	...	...	9.28	...	...	...	1.06	...	4.11	...	6.49	...	9.38	...	11.50	...	...	4.06	6.45
	日野春	〃	96.1	...	...	...	9.48	...	...	...	1.24	...	4.30	...	7.10	...	9.56	...	12.08	...	...	4.24	7.05
	長坂	〃	99.5	...	...	...	10.09	...	...	...	1.43	...	4.51	...	7.32	...	10.15	...	12.27	...	...	4.43	7.24
	小淵澤	〃	104.1	...	6.45	...	10.30	...	...	...	2.01	...	5.13	...	7.54	...	10.34	...	12.46	...	...	レ	7.42
	富士見	〃	109.9	...	7.14	...	10.47	...	...	...	2.17	...	5.29	...	8.12	...	10.52	...	レ	...	...	レ	7.58
	青柳	〃	113.0	...	7.28	...	10.56	...	...	...	2.26		5.38	...	8.23	...	11.01	...	レ	...	...	レ	8.06
	茅野	〃	117.5	...	7.43	...	11.06	...	...	...	2.37	515	5.50	...	8.36	...	11.12	...	レ	...	...	レ	8.17
	上諏訪	〃	121.7	6.20	7.55	9.45	11.25	1.00	...	...	2.54	4.40	6.06	...	8.56	...	11.30	...	1.33	...	...	5.45	8.33
	下諏訪	〃	124.4	6.28		9.56	11.33	1.16	...	...	3.02	4.49	6.14	...	9.06	...	11.40	...	レ	...	...	5.53	8.41
	岡谷	〃	126.9	6.36	...	10.18	11.42	1.45	...	...	3.11	4.58	6.23	...	9.18	...	11.48	...	1.48	...	...	6.01	8.49
	川岸	〃	129.2	6.44	...	10.32	11.49	2.01	...	...	3.19	5.08	6.31	...	9.27	...	11.56	...	レ	...	...	6.08	8.57
	辰野	〃	132.8	6.53	...	10.43	11.59	2.12	...	...	3.30	5.19	6.41	...	9.40	...	12.06	...	2.04	...	...	6.18	9.07
	小野	〃	138.0		...		12.15		...	...	3.47		6.57	...	10.00	...	12.23	...	2.22	...	...	6.34	9.23
	鹽尻	着	143.8	...	...	...	12.32	...	...	...	4.04	...	7.14	...	10.20	...	12.40	...	2.39	...	...	6.51	9.40
篠ノ井線及信越線	鹽尻	發	0.0	...	...	...	12.45	...	...	...	707 *4.16	...	7.20	...	10.32	...	↓	...	2.48	...	...	6.58	9.49
	松本	着	8.6	...	...	...	1.06	...	...	...	4.38	...	7.41	...	11.00	...		...	3.08	...	...	7.19	10.10
	長野	〃	47.9	...	...	...	3.17	...	...	...	6.49	...		...		...		...	5.08	...	...	9.30	12.22
中央本線	鹽尻	發	143.8	...	...	...	712 12*38	...	...	...	4.14	...	...	...	...	...	704 12*50	...	706 *2.49	...	...	708 *7.02	710 *9.47
	木曾福島	着	169.3	...	...	...	2.02	...	...	...	5.38	...	...	...	...	...	2.11	...	4.07	...	...	8.27	11.11
	名古屋	〃	252.6	...	...	...	6.23	...	...	...	9.51	...	...	...	...	...	6.20	...	8.20	...	...	12.50	3.42

寝臺車連結列車ト寝臺使用料金

二等並型 {上段 3.00 圓 / 下段 4.50 圓}……

飯田町・長野間…………第 401 列車

細字ハ午前　太字ハ午後　レハ通過　*ハ乘換　㊣ハ洗面所設置驛　囲ハ辨當販賣驛　〒ハ公衆電報取扱驛　ロハ赤帽所在驛　●ハ接續驛

☞ 線路ノ傍ニ記シアル括弧内ノ數字ハ參照時刻表所載頁ヲ示ス　驛名欄中括弧ヲ附シタル區間ニハ直通又ハ接續列車ノミヲ掲グ

信越本線下り（長野・新潟間）

大正十三年七月三十一日改正　同十四年四月一日訂補

長野・新潟間

特ニ示シタルモノハ外二、三等車

下リ列車

線名	驛名		哩程	135	121	771	103	153	101	301	514	105	3	123	773	111	5	516	503		409	305	139	307	125	309	506	109	311	129	131	153	
東北、信越及高崎線	上野	發	0.0	...	...	7.00	7.10	...	8.30	...	...	8.40	...	...	10.10	10.40	...	...	...	...	...	...	11.20	...	...	...	...	7.20	...	8.55	11.25	...	...
	高崎	〃	63.0	...	...	9.31	10.24	...	11.03	...	...	11.50	...	...	1.09	1.59	大宮・新潟間四月十二日マデ運休	...	...	...	...	...	2.23	...	6.00	...	...	10.06	...	12.18	2.43	...	...
	輕井澤	〃	88.3	...	...	11.45	12.28	...	1.13	...	...	2.03	...	...	3.39	4.21		...	...	...	...	...	5.30	...	8.18	...	...	12.14	...	2.35	5.04	...	...
	長野	着	134.8	...	...	1.34	2.20	...	2.54	...	...	4.34	...	...	6.02	6.39		...	...	...	...	...	8.09	...	10.30	...	...	2.25	...	4.55	7.35	...	...
信越本線	長野	發	134.8	...	...	1.43	2.27	...	3.03	...	...	4.40	...	...	6.10	6.48		...	...	...	...	...	8.16	...	10.37	...	...	2.32	...	5.02	7.41	10.10	...
	吉田	〃	137.2	...	...	レ	レ	...	レ	...	...	4.48	...	...	6.18	6.57		...	...	...	...	...	8.25	...	10.45	...	...	2.40	...	5.11	7.49	10.36	...
	豐野	〃	141.5	...	...	2.00	レ	...	レ	...	...	4.58	...	...	6.28	7.09		...	...	...	...	...	8.38	...	10.57	...	...	2.50	...	5.24	8.00	10.53	...
	牟禮	〃	146.4	...	...	レ	3.02	...	レ	...	...	5.17	...	...	6.48	7.31		...	...	...	...	...	9.00	...	11.20	...	...	3.09	...	5.47	8.20	11.33	...
	柏原	〃	152.8	...	...	2.46	3.30	...	4.05	...	...	5.43	...	...	7.18	8.02		...	...	...	...	...	9.30	...	12.00	...	...	3.36	...	6.20	8.47	12.07	...
	田口	〃	158.0	...	...	レ	3.44	...	レ	...	...	5.57	...	...	7.36	8.20		...	...	...	...	...	9.48	...	12.22	...	...	3.50	...	6.40	9.01		...
	關山	〃	162.9	...	...	レ	3.58	...	レ	...	...	6.11	...	...	7.50	8.36		...	...	...	...	...	10.06	...	12.44	...	...	4.05	...	6.54	9.16		...
	二本木	〃	166.8	...	...	レ	4.11	...	レ	...	...	6.23	...	...	8.02	8.49		...	...	...	...	...	10.20	...	12.57	...	...	4.17	...	7.06	9.28	...	...
	新井	〃	170.4	...	...	レ	4.22	...	レ	5.20	...	6.35	...	...	8.13	9.01		...	神戸發 9.50	...	...	9.50	10.33	11.45	1.09	2.40	...	4.28	5.55	7.20	9.38	...	...
	脇野田	〃	174.3	...	...	レ	4.31	...	レ	5.30	...	6.44	...	...	8.22	9.15		...		...	...	10.00	10.43	11.58	1.19	2.50	...	4.37	6.05	7.31	9.54	...	...
	高田	〃	176.7	...	...	3.41	4.39	...	5.01	5.39	...	6.52	...	...	8.30	9.24		...		...	...	10.08	10.52	12.07	1.28	3.00	...	4.45	6.14	7.40	10.02	...	...
	直江津	着	180.8	...	...	3.50	4.50	...	5.10	5.50	...	7.02	...	...	8.40	9.35		...	11.28	...	...	10.19	11.03	12.18	1.39	3.11	...	4.56	6.25	7.51	10.12	...	...
	直江津	發		...	...	4.00	5.27	6.05	5.19	...	...	7.14	...	8.50	8.55	9.46		...	11.38	...	...	...	...	...	2.05	...	...	5.20	...	8.02	...	...	...
	黒井	〃	182.4	...	...	金澤著 8.25	5.34	6.13	レ	...	...	7.21	...	8.58	米原著 8.53	9.54	...	...	11.45	...	...	...	...	...	2.12	...	...	5.28	...	8.10	...	...	...
	犀潟	〃	185.2	...	...		5.42	6.23	レ	...	...	7.29	...	9.07		10.03	...	...	11.53	...	...	...	...	...	2.21	...	...	5.38	...	8.19	...	...	...
	潟町	〃	187.8	...	...		5.50	6.35	レ	...	...	7.37	...	9.16		10.12	...	...	12.01	...	...	...	...	...	2.29	...	...	5.47	...	8.28	...	...	...
	柿崎	〃	191.7	...	...	...	5.59	6.47	レ	...	...	7.47	...	9.26	...	10.23	...	...	12.11	...	...	...	...	...	2.39	...	...	5.58	...	8.38	...	...	...
	鉢崎	〃	195.4	...	...	...	6.08	6.58	レ	...	...	7.57	...	9.36	...	10.37	...	...	12.20	...	...	...	...	...	2.48	...	...	6.09	...	8.52	...	...	...
	青海川	〃	199.2	...	...	...	6.18	7.10	レ	...	...	8.07	...	9.47	...	10.48	...	...	12.30	...	...	...	...	...	2.58	...	...	6.19	...	9.03	...	...	...
	鯨波	〃	201.1	...	...	...	6.25	7.19	レ	...	...	8.14	...	9.55	...	10.56	...	...	12.37	...	...	...	...	...	3.05	...	...	6.26	...	9.11	...	...	...
	柏崎	〃	203.4	...	...	...	6.36	7.27	6.10	...	...	8.25	...	10.09	...	11.08	...	...	12.48	...	...	...	...	...	3.15	...	...	6.38	...	9.23	...	...	...
	安田	〃	207.0	...	...	...	6.46		レ	...	...	8.35	...	10.19	...	11.19	...	...	12.58	...	...	...	...	...	3.25	...	...	6.49	...	9.34	...	...	...
	北條	〃	208.6	...	...	1	6.52	...	レ	...	...	8.41	...	10.25	...	11.25	...	...	1.05	...	...	...	...	7	3.32	9	...	6.54	11	8.40	...	...	...
	越後廣田	〃	210.7	...	...	鹽澤發 5.15	6.59	...	レ	...	...	8.48	鹽澤發 8.30	10.32	...	11.32	鹽澤發 11.10	...	1.12	...	...	...	...	鹽澤發 1.35	3.39	鹽澤發 4.45	...	7.01	鹽澤發 7.10	8.47	...	...	...
	塚山	〃	215.5	...	...		7.17	...	レ	...	...	9.06		10.52	...	11.52		...	1.32	...	...	...	...		3.57		...	7.19		10.07	...	...	...
	來迎寺	〃	220.2	...	...		7.27	...	レ	...	...	9.17		11.03	...	12.03		...	1.43	...	...	...	...		4.08		...	7.30		10.18	...	...	...
	宮内	〃	224.3	...	...	7.09	7.37	...	レ	...	...	9.27	10.54	11.13	...	12.13	1.33	...	1.53	...	...	...	...	3.58	4.18	7.08	...	7.44	9.37	10.29	...	...	...
	長岡	〃	226.2	...	5.10	7.14	7.47	...	7.05	...	...	9.38	11.01	11.23	...	12.23	1.40	...	2.05	...	...	...	...	4.05	4.30	7.15	...	7.55	9.44	10.34	...	...	...
	城岡	〃	227.7	...	5.16		7.52	401	レ	...	...	9.43		11.29	...	12.29		...	2.11	...	...	...	...		4.35		...	8.01			...	...	...
	押切	〃	230.5	...	5.24	...	7.59	磐越線經由	レ	...	...	9.50	...	11.37	...	12.37	...	羽越線經由秋田發 6.20	2.22	...	...	...	...	...	4.42	...	羽越線經由青森發 6.05	8.09	...	...	...	...	...
	見附	〃	233.2	...	5.33	...	8.07		レ	...	...	9.58	...	11.47	...	12.48	...		2.30	...	...	...	...	...	4.50	...		8.18	...	...	...	...	...
	帶織	〃	235.8	...	5.41	...	8.15		レ	...	...	10.06	...	11.55	...	12.54	...		2.38	羽越線經由青森著 5.30	...	...	...	...	5.00	...		8.26	...	...	...	...	...
	三條	〃	239.6	...	5.50	...	8.24		7.34	...	...	10.15	...	12.05	...	1.03	...		2.47		...	...	...	...	5.09	...		8.36	...	...	...	...	...
	一ノ木戸	〃	240.6	...	5.55	512	8.29		レ	...	...	10.20	405	12.11	...	1.08	407		2.52		...	...	...	...	5.14	...		8.41	...	...	...	...	...
	加茂	〃	245.3	...	6.07	村上發 6.15	8.40	上野發 8.40	レ	...	酒田發 5.00	10.31	郡山發 6.35	12.25	...	1.20	郡山發 8.38		3.03		郡山發 11.48	...	...	...	5.25	...		8.55	...	...	...	...	...
	羽生田	〃	247.9	...	6.15		8.48		レ	...		10.39		12.34	...	1.30			3.11			...	...	...	5.33	...		9.06	...	...	...	...	...
	矢代田	〃	252.2	...	6.26		8.58		レ	...		10.49		12.46	...	1.41			3.21			...	...	...	5.43	...		9.17	...	...	...	...	...
	新津	着	256.0	...	6.36	8.15	9.07	9.27	8.09	...	10.07	10.58	12.11	12.57	...	1.51	2.33	3.27	3.30		5.17	...	...	...	5.52	...	8.20	9.27	...	...	...	...	...
	新津	發		6.05	6.42	8.30	9.11	9.32	8.13	...	10.18	11.04	12.20	1.05	...	1.56	2.45	3.42	3.44		5.32	...	...	...	6.08	...	8.37	9.35	...	...	...	...	...
	龜田	〃	261.5	6.27	6.56	8.44	9.25	9.46	レ	...	10.32	11.18	12.34	1.19	...	2.10	2.59	4.01			5.51	...	...	...	6.27	...	8.51	9.49	...	...	...	...	...
	沼垂	〃	265.4	6.46	7.06	8.57	9.37	9.56	レ	...	10.42	11.28	12.44	1.29	...	2.22	3.09	4.11	...	...	6.05	...	...	...	6.37	...	9.01	9.59	...	...	...	...	...
	新潟	着	266.6	6.51	7.10	9.01	9.41	10.00	8.35	...	10.46	11.32	12.43	1.33	...	2.26	3.13	4.15	...	...	6.03	...	...	...	6.41	...	9.05	10.03	...	...	...	...	...

普通急行料金を要する列車

上野・新潟間……第 101 列車
上野・金澤間……第 771 列車

寝臺車連結列車と寝臺使用料金

二等並型 {上段 3.00 圓 / 下段 4.50 圓}…… {上野・新潟間（信越本線）……第 101 列車 / 上野・新潟間（磐越線經由）…第 401 列車 / 神戸・青森間（羽越線經由）…第 503 列車 / 上野・金澤間…………………第 771 列車}

急行料金ハ 221 頁參照

細字ハ午前　太字ハ午後　レハ通過　*ハ乘換　㊣ハ洗面所設置驛　囲ハ辨當販賣驛　〒ハ公衆電報取扱驛　ロハ赤帽所在驛　●ハ接續驛

☞ 線路ノ傍ニ記シアル括弧内ノ數字ハ參照時刻表所載頁ヲ示ス　驛名欄中括弧ヲ附シタル區間ニハ直通又ハ接續列車ノミヲ掲グ

日本交通公社刊、「時刻表復刻版・汽車時間表」より転載。

高崎・両毛・総武線

建設中の上総湊駅　大正三年。

鴻巣駅　大正期。

高崎線は東北本線の大宮駅から分岐して左し、武蔵野の平野を走って高崎に至り、両毛線は小山から東北本線に分かれて左し、前橋を過ぎて高崎に至って共に信越本線に接続する。この両線はいわば東北、信越二線の仲介線である。さらに両毛線新前橋から上越南線が分かれ、桐生からは足尾線が分かれており、列車も上野から高崎回り小山行もあり、小山回り高崎行もあり、高崎を経て上越南線への直通列車もあり、北武蔵および両毛南部の交通路となっているから、ここに両線を通じて別に記載することとした。

高崎線

大　宮（おおみや）　東北本線参照。

桶　川（おけがわ）　▼石戸の蒲桜　西北五キロ半。四月中旬に咲き壮観を呈する。天然記念物に指定されている。

鴻　巣（こうのす）　▼吉見の百穴　西一〇キロ。自動車の便がある。本邦においては有名な横穴で、穴居時代の遺跡と伝えられている。

熊　谷（くまがや）　秩父鉄道接続点。まゆ、織物、米穀の取引きが盛んで製糸、製粉、製麺の会社、工場がある。人口約二万。

▼熊谷寺（浄土宗）　約一キロ、熊谷次郎直実が草庵を結んで入寂した所。

熊谷駅　明治16年、開業祝賀風景。

秩父鉄道秩父駅

秩父鉄道行田駅（現行田市駅）

秩父鉄道（東武鉄道）羽生駅

▼**秩父鉄道** 秩父線、熊谷、影森間四七・六キロ。羽生線 熊谷、羽生間一五キロ。

深　谷（ふかや）　▼平忠度の墓　深谷町にある。▼欅井戸　八基村鹿島神社境内にある。欅の大木が空洞をなして、内に古井戸がある。

本　庄（ほんじょう）　本庄電軌接続点。本庄、児玉間七・一キロ。▼塙保己一誕生地西南九キロ、付近に「塙先生百年祭記念碑」と刻した碑や墓碑がある。

新　町（しんまち）　▼八塩鉱泉　一六キロ、自動車がある。路は神流川の渓谷に沿って行く、胃腸病、神経系統病などによい。

高　崎（たかさき）　七四・七キロ　信越本線、両毛線分岐点。上信電気鉄道、東武鉄道伊香保線の接続点。もと大河内氏八万二千石の城下で、古来中山道の要衝に当たり、人口六万一〇〇〇を有し生糸、生絹、太織、まゆの産出が盛んである。▼高崎公園　西南約半キロ、城址の南隣にある。▼清水観音堂　西約二キロ、郊外観音山の中腹にあり、付近景勝第一の地である。

名物　竹の子餅、鉢の木。

▼上信電気鉄道線　高崎、下仁田間三三・六キロ。

深谷駅　明治～大正期。

本庄駅　大正２年。

初代高崎駅　明治後期。

二代目高崎駅　大正期。落成は大正7年。

前橋駅前 昭和初期。

伊勢崎駅 大正初期。

両毛線

駅名の下に記したキロは上野駅起点

新前橋（しんまえばし） 上越南線分岐点。▼上野国分寺址 約三キロ、地域は東西約一〇九メートル。南北約一六三メートルで礎石が残っている。

前　橋（まえばし） 一一一・二キロ 東武鉄道前橋線接続点。田中町（前橋）渋川新町間一五キロ。利根川の左岸にあり、越後と下野の交通の要路に当たっていた。もと松平氏十七万石の城下で、上毛生糸市場の中心地をなし、人口八万を有している。

▼赤城山 北二五キロ、箕輪からは新坂峠を経て大沼湖畔まで約二時間で登れる。山頂は数峰に分かれ中央に大湖があって水を湛えている。これが火口原湖の大沼で周囲約四キロ。海抜約一三一〇メートル。

湖畔幽寂の境を占めて赤城神社がある。神社から三・三キロ、その頂上に達すれば天高く地広く気宇とみに豪壮なるを覚える。

伊勢崎（いせざき） 一二四キロ 桐生に次いで機織業の盛んな地で、伊勢崎銘仙および大島かすりは特に名高い。

桐　生（きりゅう） 一四〇・二キロ 足尾線分岐点。

上毛電気鉄道（中央前橋、西桐生間二五・四キロ）接続点。関東第一の機業地で、京都西陣に匹敵している。人口四万八〇〇〇。織物、染織、製麺の会社工場が多い。

足　利（あしかが） 一五四・九キロ 地は渡良瀬川の北岸にあり、足利氏勃興の地で機業地として知られ、織物や、撚糸、紡績の会社工場が多い。人口四万二

足利駅　大正三年頃。

栃木駅　明治後期。

〇〇〇を有する。▼足利学校遺跡　北半キロ、王朝時代諸国に置かれた国学の遺跡と称し、あるいは淳和天皇天長九年小野篁が勅を奉じて建立したものとも伝え、その他数説ある。足利学校、大日堂、足利公園遊覧の自動車があり、約一時間で回れる。

佐野（さの）　東武鉄道接続点。館林、葛生間二二キロ。機業地として知られている。▼別格官幣社唐沢山神社　北六キロ、藤原秀郷をその居城址に祀ったもので、社頭の眺望が開けてことに春秋の美観はひとしおである。

栃木（とちぎ）　東武鉄道日光線接続点。大麻、石灰の集散地、麻殻を原料とする懐炉灰の工場が多い。

小山（おやま）　東北本線接続点および水戸線分岐点。（東北本線参照）

両国橋駅（現両国駅）　昭和四年頃。

総武本線

本線は東京市内両国橋を起点とし、千葉で房総線を分かち佐倉で成田線を、また成東で東金線を分かち、銚子に至って止まっている。房総線は循環線で一周に約一〇時間を要し、北条回り（西海岸）勝浦回り（東海岸）とし、便宜上安房鴨川で打切って運転している。

両国橋（りょうごくばし）　付近に回向院、国技館および被服廠跡納骨堂がある。

亀　戸（かめいど）　東武鉄道接続点。
▼亀戸天満宮　西北七〇〇メートル余、社殿壮麗、毎年一月初卯の日および一月二五日に鷽替（うそかえ）の神事を行い、参詣者が多い。
▼東武鉄道　東京市内浅草を起点とし、本線と亀戸、常磐線と北千住、東北本線と久喜で各接続して両毛線の足利、桐生、伊勢崎に達している。浅草、伊勢崎間一一三・三キロ。

小　岩（こいわ）　▼柴又帝釈天　北二キロ余、東京からの参拝者が多い。

市　川（いちかわ）　▼里見公園　北西二キロ、自動車がある。江戸川に臨み桜樹が多く四季の眺めがよい。

下総中山（しもうさなかやま）　▼中山競馬場　北二キロ余、毎年春秋二季に本競馬の催しがある。

船　橋（ふなばし）　総武鉄道（船橋から常磐線柏を経て清水公園まで三六キロ）接続点。

津田沼（つだぬま）　▼鉄道第二連隊駅付近。

幕　張（まくはり）　付近は青木昆陽の甘藷試植地で、駅付近に昆陽神社がある。

稲　毛（いなげ）　稲毛海水浴場　南約半キロ、袖ケ浦の海浜は松林などがあり、遠浅で婦女子の遊泳に適する。

千　葉（ちば）　三六・六キロ　房総線分岐点、京成電気軌道接続点。
市は東京湾の東北に位し、人口四万三〇〇〇。東京との間には省線の外に京成電軌があり、交通の要路をなしている。商工業としては特に見るべきものはないが、県内まゆの大集散地として知られており、これに対する施設が多い。
名物　袖ケ浦おこし、粟漬。
▼京成電気軌道　東京市内押上から総武本線に並行して千葉まで、途中津田沼から成田へ行くものと、途中から白鬚、金町、谷津海岸への支線が出ている。

佐　倉（さくら）　五二キロ　成田線分岐点。もと堀田氏十一万石の城下で、城址は北二キロ、自動車がある。

千葉駅　大正初期。

津田沼付近、鉄道第２連隊の双合機関

成田駅　昭和12年。

佐原駅　昭和10年。

成田線

この線は佐倉から分岐し、関東第一の流行仏で名高い成田を経て我孫子に至るものと、成田から佐原に至るものとの総称である。成田山参詣客のためには両国橋から一〇本と、別に上野から我孫子経由で一二本の各直通列車がある。いずれも二時間を要する。

成　田（なりた）　佐原方面および成田鉄道接続点。▼成田不動　東約一キロ、電車六銭、別に乗合自動車がある。本尊不動明王は嵯峨天皇の御宇、弘法大師が一刀三礼の下に彫刻したものと伝えられ、断食堂や、節分会の豆まきのにぎわいなど世に知られている。

名物　栗羊羹。

▼成田鉄道　成田から八日市場まで三〇・一キロ、途中三里塚から八街まで一三・八キロ。

安　食（あじき）　▼印旛沼　駅から半キロ、周辺六〇キロ余、旧幕時代これを開拓して水田にする計画が中止になったのは有名な話である。

木　下（きおろし）　ここは下利根の沿岸手賀沼の水が注ぐところで、銚子方面から利根川をさかのぼって魚類を江戸に搬出する陸揚地であった。

布　佐（ふさ）　▼手賀沼　約半キロ、次の湖北駅まで線路に沿い、うなぎ、なまず、鯉などを産する。冬は雁や鴨が飛来して狩猟家が集まる。

滑　河（なめがわ）　▼滑川観音堂（天台宗）　約一キロ、坂東二十八番の札所で、仁王門は国宝。

佐　原（さわら）　北総第一の繁華地、両

松岸駅構内　昭和10年代以降。

成東駅構内　大正期。

飯岡駅　大正初期。

国橋から約三時間を要する。利根水路交通の要衝である。

八　街（やちまた）　成田鉄道はここから三里塚に至り、さらに八日市場に行く。

日　向（ひゅうが）　▼布田薬王寺（顕本法華宗）西南約三キロ、眼病に霊験があるといわれ、毎年九月七日の施餓鬼には参籠者が多い。

成　東（なるとう）　東金線はここから分かれ、大網に至って房総線に接続する。

八日市場（ようかいちば）　成田鉄道接続点。

干　潟（ひがた）　付近は干潟八万石の称があり、落花生、甘藷などの産出で知られている。

旭　町（あさひまち）　▼九十九里浜　南約三・三キロ。

飯　岡（いいおか）　▼岩井不動尊　北約三キロ、弘法大師の建立、大師修行の時現出したという四十七条の滝は、今わずかに数条を残すに過ぎないが、脳病に霊験があると参詣者が多い。

松　岸（まつぎし）　往時利根川上下の舟が繋泊したところ、今は川ほとりの妓楼に昔の名残をとどめている。

銚　子（ちょうし）　一一七・二キロ　銚子鉄道接続点。この線は外川まで六・四キロ。銚子は利根川の川口、本邦最東の岬端、町は東海岸の要港として水陸の便を備え漸次発展した。なおここの正油は品質および産額の多い点において名声がある。その他銚子縮、海産物、瓦、石材、籐表下駄などがある。

名物　いか、かつお、かつおの塩辛、正油、甘露びしお。

勝浦駅遠望　現在の外房線・内房線は本文の書かれた昭和三年頃、房総線という一線区であった。

太海駅付近の線路

房総線

駅名の下に記したキロ程は千葉からの距離

千　葉（ちば）　総武本線分岐点。

蘇　我（そが）　▼大厳寺　一・六キロ、関東十八檀林の一。

大　網（おおあみ）　二三・二キロ　東金線分岐点。

茂　原（もはら）　▼笠森寺　西一二キロ、自動車あり、上総屈指の霊刹、観音堂の柱礎四面みな懸崖に架造し、構造異様で国宝になっている。

上総一ノ宮（かづさいちのみや）　もと加納氏一万三千石の城下。▼一ノ宮海水浴場　東一・七キロ、一宮川から舟便がある。一ノ宮川口附近は避暑、避寒地として知られている。

太　東（たいとう）　▼太東岬　東約三キロ、太平洋に突出して九十九里浜の起点をなし、その間六六キロ、時に霞の内に犬吠岬を眺められる。

長者町（ちょうじゃまち）　▼海水浴場　東南一・七キロ。

三　門（みかど）　附近一帯は海水浴に適し、まだ俗化していない。

大　原（おおはら）　一帯の海浜は南総随一の海水浴場である。東約一キロ、自動車がある。

御　宿（おんじゅく）　▼網代湾　五〇〇メートル余、日本三網代湾の一で、月の名所。

勝　浦（かつうら）　七一・三キロ　勝浦湾に臨む近海はうなぎ、かつおの漁場である。海浜は櫛浜といい、海水浴に適する。

鵜　原（うばら）　駅附近に鵜原理想郷がある。

江見駅　大正～昭和初期。

上総興津（かずさおきつ）　▼妙覚寺　西南八八〇メートル、日蓮宗最初の寺、毎年九月十二日の御難会は賑う。

安房小湊（あわこみなと）　▼誕生寺　一・五キロ、自動車十五銭。境内に日蓮の誕生井戸がある。日蓮上人誕生の場所。

安房天津（あわあまつ）　▼清澄寺　北六キロ余、自動車往復一円四十銭。清澄山（海抜三六三メートル）の頂上にあり、伽藍壮大。

安房鴨川（あわかもがわ）　九三・六キロ　太平洋に面した風光のよいところ。▼鏡忍寺　西北八八〇メートル。日蓮上人四大法難中の一遺蹟である。

太　海（ふとみ）　▼仁右衛門島　東南半キロ、源頼朝が石橋山上に敗れてここに逃れ、島主仁右衛門がかくまったと伝える。

江　見（えみ）　▼塩屋子安観音　西一・三キロ、子宝、安産の仏として近郷からの参詣者が多い。

南三原駅　大正10年開業時の写真。まだ安房鴨川まで接続していない。

安房北条駅（現館山駅）　大正八年開業当時。

和田浦（わだうら）　▼大久保遊園地　駅付近、外房の大洋に面し伊豆諸島を望み得て眺望雄大。

〔南三原〕（みなみはら）

千　倉（ちくら）　▼千倉鉱泉　南二・二キロ、皮膚病に効く。付近眺望佳。

安房北条（あわほうじょう）　九〇・一キロ　安房第一の都会で鏡ケ浦に臨み、海浜は駅から三〇〇メートル、波静かになぎさ清く海水浴の適地である。▼館山町　西南約三キロ、もと稲葉氏一万石の城下で北条町の南に続き、里見氏の居城地で付近にはその史蹟がある。

那古船形（なごふなかた）　▼崖の観音　約一キロ、北嶺山山腹、自然岩窟中に堂宇があり、高い絶壁をなして、伊豆諸島が一望の内に入る。

岩　井（いわい）　▼富山　山麓まで約二キロ、海抜三四二メートル。八犬伝で著名な山で、伏姫の岩窟などがある。

安房勝山（あわかつやま）　もと酒井氏一万二千石の城下で、湾内左に竜島の奇勝があり、避暑避寒の好適地である。

保　田（ほた）　▼鋸山　山麓まで約二キロ、山腹に乾坤山日本寺があり、聖武天皇の勅願所で行基の創建。今その城内を公園とし、十州一覧台の名があり、富士、函嶺、天城、浅間、日光、筑波の諸峯を一望に収められる。

上総湊（かずさみなと）　海浜風光に富み、遠浅で水清く海水浴に適する。

佐貫町（さぬきまち）　もと阿部氏一万六千石の城下。▼鹿野山　東四キロ、自動車一円、山上に神野寺（真言宗）あり、その四脚門は国宝である。

青　堀（あおぼり）　▼富津　沙洲海岸

上総湊駅　開業直前の写真。大正四年。

佐貫町駅　大正期。

に斗出すること約三㌔、三浦半島の観音崎と相対し風光がよく、避暑避寒の好適地である。

木更津（きさらづ）　三五・五㌔　久留里線分岐点。上総西海岸第一の繁華地、海岸へは約半㌔余、眺望がよく海は遠浅である。

五　井（ごい）　もと有馬一万石の城下、小湊鉄道接続点。

▼小湊鉄道　五井から房総第一の養老川に沿って上総中野まで三九・一㌔。なおこの鉄道は房総線安房小湊まで延びることになっている。

八幡宿（やわたじゅく）　▼県社飯香岡八幡宮駅付近、社殿壮麗、東京湾の静波に臨む。境内梅樹多く、また海浜は袖ケ浦の一部である。

高崎線下り（大宮・高崎間）

大正十三年七月三十一日改正　同十四年四月一日訂補　**大宮・高崎・長野間**　特ニ示シタルモノヽ外二、三等車

下リ列車

線名	驛名	哩程	703	413	705	159	139	401	125	127	141	109		403	143	129	513	131	515	133		135		137	771		103	101	105	773	不 111	
東北本線	上野 發	0.0	…	…	…	…	11.20	…	…	…	5.25	7.20	…	…	7.40	8.55	10.40	11.25	12.25	2.20	…	4.00	…	5.20	7.00	…	7.10	8.30	8.40	10.10	…	…
	大宮 著	16.6	…	…	…	…	12.11	…	…	…	6.22	8.07	…	…	8.37	9.52	11.37	12.22	1.22	3.17	…	4.54	…	6.17	7.33	…	8.05	8.08	8.35	10.52	…	…
高崎線	大宮 發	16.6	…	…	…	…	12.13	…	…	5.05	6.26	8.09	…	…	8.39	9.54	11.39	12.24	1.24	3.19	…	4.56	…	6.19	7.40	…	8.08	8.10	8.38	10.56	11.40	…
	上尾 〃	21.7	…	…	…	…	レ	…	…	5.19	6.40	8.25	…	…	8.53	10.03	11.53	12.38	1.38	3.33	…	5.10	…	6.33	レ	…	8.20	レ	8.50	11.08	11.54	…
	桶川 〃	23.9	…	…	…	…	レ	…	…	5.28	6.50	レ	…	…	9.00	10.15	12.00	12.45	1.45	3.40	…	5.17	…	6.40	レ	…	8.27	レ	8.57	11.15	12.01	…
	鴻巣 〃	29.1	…	…	…	…	レ	…	…	5.47	7.07	レ	…	…	9.21	10.33	12.18	12.51	2.05	3.53	…	5.31	…	6.59	レ	…	8.44	レ	10.11	11.23	12.19	…
	吹上 〃	33.6	…	…	…	…	レ	…	…	5.58	7.25	レ	…	…	9.34	10.44	12.29	1.10	2.17	4.10	…	5.42	…	7.10	レ	…	8.54	レ	10.21	11.39	12.30	…
	熊谷 〃	38.0	…	…	…	…	1.07	…	…	6.11	7.49	9.00	…	…	9.54	10.56	12.42	1.26	2.32	4.24	…	5.55	…	7.24	8.26	…	9.06	9.56	10.33	11.52	12.43	…
	籠原 〃	42.1	…	…	…	…	レ	…	…	6.23	8.02	レ	…	…	10.06	11.08	12.54	1.38	2.45	4.36	…	6.07	…	7.36	レ	…	9.16	レ	10.43	レ	レ	…
	深谷 〃	45.1	…	…	…	…	1.27	…	…	6.32	8.15	9.17	…	…	10.15	11.17	1.05	1.47	2.58	4.47	…	6.16	…	7.45	レ	…	9.25	レ	10.52	12.10	1.03	…
	岡部 〃	47.7	…	…	…	…	レ	…	…	6.44	8.25	レ	…	…	10.24	11.26	1.14	1.56	3.07	4.56	…	6.26	…	7.57	レ	…	9.34	レ	11.01	レ	レ	…
	本庄 〃	51.2	…	…	…	…	1.45	…	…	6.55	8.36	9.32	…	…	10.35	11.36	1.24	2.06	3.17	5.06	…	6.36	…	8.07	レ	…	9.44	レ	11.10	12.27	1.21	…
	神保原 〃	53.7	…	…	…	…	レ	…	…	7.10	8.45	レ	…	…	10.46	11.44	1.32	2.14	3.25	5.14	…	6.44	…	8.16	レ	…	9.52	レ	11.18	レ	レ	…
	新町 〃	56.5	…	…	…	…	2.00	…	…	7.18	8.57	9.45	…	…	10.54	11.52	1.40	2.25	3.33	5.22	…	6.52	…	8.24	レ	…	10.00	レ	11.26	12.42	1.36	…
	倉賀野 〃	60.2	…	…	…	…	レ	…	…	7.29	9.08	レ	…	…	11.05	12.03	1.51	2.36	3.44	5.33	…	7.03	…	8.35	レ	…	10.11	レ	11.37	レ	レ	…
	高崎 著	63.0	…	…	…	…	2.17	…	…	7.36	9.15	10.03	…	…	11.12	12.10	1.58	2.43	3.51	5.40	…	7.10	…	8.42	8.23	…	10.18	10.53	11.44	12.59	1.53	…
信越本線	高崎 發		…	…	…	…	2.23	…	6.00	7.47	9.21	10.06			11.22	12.18	2.04	2.43	4.00	5.48		7.20		8.48	8.31		10.24	11.03	11.50	1.08	1.59	…
	北高崎 〃	64.4	…	…	…	…	レ	…	6.06	7.53	沼田著 11.15	10.12	高崎・小山間第五〇九列車 小山著 1.04	沼田著 12.57	高崎・小山間第五一一列車 小山著 3.09	12.24	高崎・沼田間第三〇五列車 沼田著 3.58 小山著 4.45	2.55	小山著 6.57	5.54	高崎・小山間第五一七列車 小山著 8.34 高崎・小山間第五一九列車 小山著 10.15	7.26	高崎・桐生間第五二一列車 桐生著 10.09	8.56	レ	高崎・前橋間第五二三列車 前橋著 10.58	10.30	レ	11.56	レ	レ	…
	群馬八幡 〃	66.9	…	…	…	…	レ	…	6.14	8.01		10.19				12.32		3.03		6.02		7.34		9.04	レ		レ	レ	レ	レ	レ	…
	安中 〃	69.5	…	…	…	…	2.49	…	6.26	8.12		10.27				12.41		3.12		6.11		7.43		9.13	レ		レ	レ	12.11	1.31	レ	…
	磯部 〃	73.9	…	…	…	…	3.10	…	6.40	8.26	…	10.41				12.55		3.26	…	6.26		7.57		9.27	レ		レ	レ	12.25	レ	2.37	…
	松井田 〃	78.0	…	…	…	…	3.40	…	6.57	8.43	…	10.57				1.16		3.43	…	6.43		8.17		9.51	レ		レ	レ	12.42	レ	2.58	…
	横川 〃	81.4	…	…	…	…	4.02	…	7.19	9.11	…	11.17				1.37		4.06	…	7.05		8.38		10.05	10.40		11.31	12.11	1.03	2.25	3.20	…
	熊ノ平 〃	85.3	…	…	…	…	4.31	…	7.47	9.39	…	11.45		…		2.05		4.34	…	7.33		9.06		…	11.08		11.59	12.41	1.31	2.54	3.48	…
	輕井澤 〃	88.3	…	…	…	…	5.30	…	8.18	10.12	…	12.14		…		2.35		5.04	…	8.02		9.38		…	11.45		12.28	1.13	2.03	3.39	4.21	…
	沓掛 〃	90.8	…	…	…	…	5.39	…	8.27	10.21	…	12.23		…		2.45		5.13	…	8.10		9.47		…	レ		レ	レ	2.18	3.49	4.36	…
	信濃追分 〃	92.8	…	…	…	…	5.48	…	8.35	10.30	…	12.31		…		2.53		5.22	…	8.20		9.56		…	レ		レ	レ	2.27	3.57	4.44	…
	御代田 〃	96.4	…	…	…	…	6.00	…	8.45	10.41	…	12.41		…		3.03		5.33	…	8.31		10.07		…	レ		12.53	レ	2.38	4.15	4.54	…
	小諸 〃	102.2	…	…	…	…	6.24	…	9.03	11.01	…	12.57		…		3.21		5.55	…	8.54		10.35		…	12.28		1.07	レ	2.58	4.31	5.10	…
	滋野 〃	105.9	…	…	…	…	6.37	…	9.14	11.12	…	1.08		…		3.32		6.07	…	9.05		10.46	…	…	レ	…	1.18	レ	レ	4.42	5.22	…
	田中 〃	108.0	…	…	…	…	6.49	…	9.21	11.19	…	1.15	…	…		3.40	…	6.15	…	9.12		10.53	…	…	レ	…	レ	レ	レ	4.49	5.29	…
	大屋 〃	110.1	…	…	…	…	6.56	…	9.28	11.26	…	1.23	…	…		3.48	…	6.23	…	9.19		11.00	…	…	レ	…	レ	レ	3.27	4.57	5.36	…
	上田 〃	113.4	…	…	…	5.15	7.07	…	9.37	11.36	415	1.32	…	…		3.57	707	6.35	709	9.33		11.11	…	…	12.53	…	1.36	2.12	3.36	5.06	5.44	…
	北鹽尻 〃	116.1	名古屋發 7.30	飯田町發 6.28	名古屋發 10.40	5.30	7.15	飯田町發 10.00	9.44	11.44	飯田町發 11.30	1.39	…	…		4.04	名古屋發 9.40	6.44	名古屋發 1.35	9.42		11.19	…	…	レ	…	レ	レ	レ	5.13	5.51	…
	坂城 〃	119.8				5.50	7.24		9.53	11.53		1.48	…	[illegible]發 5.20		4.13		6.53		9.52		11.30	…	…	レ	…	1.49	レ	3.52	5.22	5.59	…
	戸倉 〃	122.7				6.03	7.32		10.00	12.01		1.55	…			4.20		7.01		10.01		11.38	…	…	レ	…	レ	レ	4.00	5.29	6.07	…
	屋代 〃	125.8				6.25	7.42		10.07	12.10		2.02	…			4.30		7.09		10.12	…	11.47	…	…	レ	…	レ	レ	4.10	5.37	6.14	…
	篠ノ井 〃	129.0	8.52	4.54	6.48	7.10	7.53	9.14	10.16	12.20	12.06	2.11	…	3.01	…	4.40	6.33	7.19	10.11	10.23	…	11.57	…	…	レ	…	2.08	レ	4.19	5.47	6.24	…
	川中島 〃	131.7	レ	レ	6.56	7.27	8.01	9.22	10.24	12.29	12.14	2.19	…	3.03	…	4.48	6.41	7.27	10.19	10.32	…	12.06	…	…	レ	…	レ	レ	4.27	5.55	6.32	…
	長野 著	134.8	4.06	5.08	7.04	7.38	8.09	9.30	10.30	12.37	12.22	2.25	…	3.17	…	4.55	6.49	7.35	10.27	10.40	…	12.14	…	…	1.34	…	2.20	2.54	4.34	6.02	6.39	…
	長野 發	134.8	…	…	…	…	8.16	…	10.37	…	…	2.32	…	…	…	5.02	…	7.41	…	…	…	…	…	…	1.43	金澤著 8.35	2.27	3.03	4.40	6.10	6.48	…
	直江津 著	180.8	…	…	…	…	11.03	…	1.39	…	…	4.56	…	…	…	7.51	…	10.12	…	…	…	…	…	…	3.50		4.50	5.10	7.02	8.40	9.35	…
	長岡 〃	226.2	…	…	…	…	…	…	4.23	…	…	7.49	…	…	…	10.34	…	…	…	…	…	…	…	…			7.42	7.01	9.32	米原著 8.53	12.18	…
	新潟 〃	266.6	…	…	…	…		…	6.41	…	…	10.03	…	…	…		…	…	…	…	…	…	…	…			9.41	8.35	11.32		2.26	…

普通急行料金を要する列車

上野・新潟間…………第 101 列車
上野・金澤間…………第 771 列車

寝臺車連結列車と寝臺使用料金

二等並型 {上段 3.00 圓 / 下段 4.50 圓}…… {上野・新潟間…………第 101 列車 / 飯田町・長野間…………第 401 列車 / 名古屋・長野間…………第 705 列車 / 上野・金澤間…………第 771 列車}

急行料金ハ 221 頁參照

細字ハ午前　太字ハ午後　レハ通過　不ハ不定期列車　㊥ハ洗面所設置驛　囲ハ辨當販賣驛　〒ハ公衆電報取扱驛　ㇿハ赤帽所在驛　●ハ接續驛

☞線路ノ傍ニ記シアル括弧内ノ數字ハ參照時刻表所載頁ヲ示ス　驛名欄中括弧ヲ附シタル區間ニハ直通又ハ接續列車ノミヲ掲グ

両毛線下り（高崎・小山間）

大正十一年三月十五日改正　同十三年七月三十一日訂補　**高崎・小山間**　二、三等車ノミ　汽ハ汽動車三等ノミ

下リ列車

線名	驛名	哩程	不汽 11	501		503	301	505	汽 1 / 127	303	507	141	汽 3	509 / 109	143	511 / 129	汽 5	513	305	汽 7 / 131	515	307	517 / 133	汽 9	519 / 135	309	521 / 137	523 / 103			
東北本線高崎線及	上野 發	0.0	…	…	…	…	…	…	…	…	…	5.25	…	7.20	7.40	8.55	…	10.40	…	11.25	12.25	…	2.20	…	4.00	…	5.20	7.10	…	…	…
	大宮 〃	16.6	…	…	…	…	…	…	5.05	…	…	6.26	…	8.09	8.39	9.54	…	11.39	…	12.24	1.24	…	3.19	…	4.56	…	6.19	8.08	…	…	…
	高崎 著	63.0	…	…	…	…	…	…	*7.36	…	…	9.15	…	10.00	11.12	12.10	…	1.58	…	*2.43	3.51	…	5.40	…	7.10	…	8.42	10.18	…	…	…
兩毛線	高崎 發	0.0	12.10	…	…	5.00	5.30	6.48	7.50	7.55	8.35	9.21	9.30	10.15	11.22	12.25	1.10	2.04	2.13	3.00	4.00	4.25	5.52	6.30	7.23	7.28	8.55	10.40	…	…	…
	新前橋 〃	4.6	12.25	…	…	5.13	5.43	7.04	8.05	8.08	8.49	9.34	9.45	10.28	11.34	12.38	1.25	2.17	2.26	3.15	4.13	4.40	6.05	6.45	7.38	7.41	9.08	10.53	…	…	…
	前橋 〃	6.2	12.31	…	…	5.22	沼田著 7.30	7.10	8.11	沼田著 9.50	8.55	沼田著 11.15	9.57	10.35	沼田著 12.57	12.45	1.31	2.23	沼田著 3.58	3.26	4.22	沼田著 6.25	6.12	6.55	7.45	沼田著 8.23	9.16	10.58	…	…	…
	駒形 〃	10.5	…	…	…	5.33		7.21	…		9.06		10.10	10.45		12.56	…	2.34		3.39	4.33		6.23	7.08	7.56		9.27	…	…	…	…
	伊勢崎 〃	14.1	…	…	…	5.42		7.30	…		9.15		10.20	10.56		1.07	…	2.43		3.49	4.47		6.34	7.18	8.06		9.40	…	…	…	…
	國定 〃	17.7	…	…	…	5.52	…	7.42	…	…	9.27	…	…	11.12	…	1.17	…	2.53	上野・高崎間第五一三列車ニ併結	…	4.57	…	6.44	…	8.16	…	9.50	…	…	…	…
	岩宿 〃	21.7	…	…	…	6.04	…	7.54	…	…	9.39	…	…	11.24	…	1.29	…	3.05		…	5.09	…	6.56	…	8.28	…	10.02	…	…	…	…
	桐生 〃	24.2	…	5.20	…	6.20	…	8.06	…	…	9.52	…	…	11.35	…	1.40	…	3.16		…	5.21	…	7.06	…	8.42	…	10.09	…	…	…	…
	小俣 〃	27.7	…	5.29	…	6.29	…	8.15	…	…	10.01	…	…	11.44	…	1.49	…	3.25		…	5.30	…	7.15	…	8.53	…	…	…	…	…	…
	山前 〃	30.4	…	5.37	…	6.37	…	8.23	…	…	10.09	…	…	11.52	…	1.58	…	3.33		…	5.40	…	7.23	…	9.01	…	…	…	…	…	…
	足利 〃	33.3	…	5.45	…	6.47	…	8.32	…	…	10.18	…	…	12.00	…	2.06	…	3.41		…	5.49	…	7.31	…	9.10	…	…	…	…	…	…
	富田 〃	37.7	…	5.56	上野著 9.40	6.58	…	8.43	…	…	10.29	…	…	12.11	…	2.17	…	3.52		…	6.00	…	7.42	…	9.21	…	…	…	…	…	…
	佐野 〃	40.5	…	6.04		7.07	…	8.52	…	…	10.38	…	…	12.19	…	2.25	…	4.00		…	6.09	…	7.50	…	9.30	…	…	…	…	…	…
	岩舟 〃	45.0	…	6.16		7.18	…	9.03	…	…	10.49	…	…	12.30	…	2.36	…	4.11		…	6.24	…	8.01	…	9.41	…	…	…	…	…	…
	大平下 〃	47.6	…	6.24		7.27	…	9.11	…	…	10.57	…	…	12.38	…	2.44	…	4.19		…	6.32	…	8.09	…	9.49	…	…	…	…	…	…
	栃木 〃	50.3	…	6.33		7.40	…	9.20	…	…	11.06	…	…	12.46	…	2.52	…	4.27	…	…	6.40	…	8.17	…	9.58	…	…	…	…	…	…
	思川 〃	58.7	…	6.42		7.49	…	9.29	…	…	11.15	…	…	12.56	…	3.01	…	4.37	…	…	6.49	…	8.26	…	10.07	…	…	…	…	…	…
	小山 著	57.1	…	6.50		7.57	…	9.37	…	…	11.23	…	…	1.04	…	3.09	…	4.45	…	…	6.57	…	8.34	…	10.15	…	…	…	…	…	…

総武本線下り（両国橋・銚子間）

大正十一年七月二十六日改正　同十三年九月十六日訂補　**兩國橋・銚子間**　二、三等車ノミ

下リ列車

線名	驛名	哩程	3	405	7	601	409	211	413	115	17	219	421	123	25	427	129	31	233	435	37	239	141	603	43	45	447	49	51	253	55	57	
總武本線	兩國橋 發	0.0	…	5.30	6.15	6.45	7.15	7.55	8.20	8.40	9.05	9.35	10.00	10.30	11.05	11.40	12.25	1.05	1.50	2.30	3.25	4.00	4.30	4.50	5.10	5.50	6.40	7.15	8.00	9.00	10.00	11.00	…
	錦糸町 〃	0.9	…	5.35	6.20	6.50	7.20	8.00	8.25	8.45	9.10	9.40	10.05	10.35	11.10	11.45	12.30	1.10	1.55	2.35	3.30	4.05	4.35	4.57	5.15	5.55	6.45	7.20	8.05	9.05	10.05	11.05	…
	龜戸 〃	1.9	…	5.39	6.25	6.54	7.25	8.04	8.29	8.50	9.14	9.45	10.10	10.39	11.15	11.50	12.35	1.15	2.00	2.40	3.35	4.10	4.40	5.02	5.20	6.00	6.50	7.25	8.10	9.10	10.10	11.10	…
	平井 〃	3.3	…	5.44	レ	6.59	7.30	8.09	8.34	8.55	9.19	9.50	10.15	10.44	11.20	11.55	12.40	1.20	2.05	2.45	3.40	4.15	4.45	5.07	5.25	6.05	6.55	7.30	8.15	9.15	10.15	11.15	…
	小岩 〃	5.9	…	5.52	レ	7.07	7.38	レ	8.42	レ	9.27	9.58	10.23	10.52	レ	12.03	12.48	1.28	2.13	2.53	3.48	4.23	4.53	5.15	レ	6.13	7.03	レ	8.23	9.23	10.23	11.23	…
	市川 〃	7.5	…	5.58	6.38	7.13	7.44	8.20	8.48	9.06	9.33	10.04	10.29	10.58	11.31	12.09	12.54	1.34	2.19	2.59	3.54	4.29	4.59	5.21	5.37	6.19	7.09	7.41	8.29	9.29	10.29	11.29	…
	下總中山 〃	9.8	…	6.04	レ	7.19	7.50	8.26	8.54	9.12	9.39	10.10	10.35	11.04	11.37	12.15	1.00	1.40	2.25	3.05	4.00	4.35	5.05	5.27	5.43	6.25	7.15	7.47	8.35	9.35	10.35	11.35	…
	船橋 〃	12.4	…	6.11	6.49	7.26	7.57	8.33	9.01	9.19	9.46	10.17	10.42	11.11	11.44	12.22	1.07	1.47	2.32	3.12	4.07	4.42	5.12	5.34	5.50	6.32	7.22	7.54	8.42	9.42	10.42	11.42	…
	津田沼 〃	14.5	…	6.19	6.57	7.34	8.05	8.41	9.09	9.27	9.54	10.25	10.50	11.19	11.52	12.30	1.15	1.55	2.40	3.20	4.15	4.50	5.20	5.42	5.58	6.40	7.30	8.02	8.50	9.50	10.50	11.50	…
	幕張 〃	17.6	…	6.27	7.05	7.42	8.13	レ	9.17	レ	10.02	レ	10.58	11.27	レ	12.38	1.23	2.03	2.48	3.28	4.23	4.58	5.28	5.50	レ	6.48	7.38	レ	8.58	9.58	10.58	11.58	…
	稲毛 〃	20.2	…	6.35	7.13	7.50	8.21	レ	9.25	レ	10.10	レ	11.06	11.35	レ	12.46	1.31	2.11	2.56	3.36	4.31	5.06	5.36	5.58	レ	6.56	7.46	レ	9.06	10.06	11.06	12.06	…
	千葉 著	22.7	…	6.41	7.19	7.56	8.27	8.57	9.31	9.43	10.16	10.41	11.12	11.41	12.08	12.52	1.37	2.17	3.02	3.42	4.37	5.12	5.42	6.04	6.14	7.02	7.52	8.18	9.12	10.12	11.12	12.12	…
	千葉 發		…	6.44	7.23	…	8.29	9.01	9.34	9.47	10.19	10.45	11.14	11.45	12.10	12.57	1.42	2.21	3.08	3.48	4.40	5.16	5.47	…	6.17	安房北條著 10.45	7.54	8.20	9.16	10.22	11.15	…	…
	四街道 〃	27.1	…	6.58	7.37	…	8.43		9.48		10.32		11.28		12.23	1.11		2.35		4.01	4.53			…	6.30		8.08	8.35	9.28	木更津著 11.26	11.28	…	…
	佐倉 著	32.3	…	7.09	7.48	…	8.54		9.59		10.43		11.39		12.34	1.22		2.46		4.12	5.04			…	6.41		8.19	8.46	9.39		11.39	…	…
	佐倉 發		5.00	7.11	8.00	…	9.04		10.02		10.51		11.42		12.42	1.27		2.56		4.14	5.11			…	6.49		8.24	8.52	…		…	…	…
	南酒々井 〃	34.8	5.10		8.10	…					11.00				12.50			3.04			5.19			…	6.57	…		9.00	…		…	…	…
	八街 〃	38.8	5.28		8.25	…					11.12				1.02			3.16			5.32			…	7.09	…		9.13	…	…	…	…	…
	日向 〃	42.4	5.39		8.36	…					11.21				1.11			3.25			5.41			…	7.20	…		9.22	…	…	…	…	…
	成東 〃	45.7	5.54		8.52	…					11.29				1.20			3.35			5.50			…	7.28	…		9.31	…	…	…	…	…
	松尾 〃	49.1	6.05		9.01	…					11.37				1.28			3.43			5.58			…	7.36	…		9.39	…	…	…	…	…
	横芝 〃	51.8	6.24		9.09	…					11.44				1.35			3.51			6.05			…	7.43	…		9.46	…	…	…	…	…
	八日市場 〃	56.1	6.44		9.20	…					11.54				1.45			4.02			6.15			…	7.54	…		9.56	…	…	…	…	…
	干潟 〃	59.3	6.55		9.29	…					12.03				1.53			4.10			6.23			…	8.02	…		10.04	…	…	…	…	…
	旭町 〃	62.2	7.10		9.38	…					12.11				2.01			4.19			6.32			…	8.10	…		10.12	…	…	…	…	…
	飯岡 〃	63.9	7.19		9.46	…					12.17				2.07			4.26			6.37			…	8.15	…		10.17	…	…	…	…	…
	猿田 〃	67.4	7.33		9.56	…					12.27				2.17			4.36			6.47			…	8.25	…		10.27	…	…	…	…	…
	松岸 〃	70.7	7.47		10.04	…					12.35				2.26			4.44			6.55			…	8.33	…		10.35	…	…	…	…	…
	銚子 著	72.7	7.53	↓	10.09	…	↓	↓	↓	↓	12.40	↓	↓	↓	2.31	↓	↓	4.49	↓	↓	7.00	↓	↓	…	8.38	…	↓	10.40	…	…	…	…	…
房總線北條線及成田線	勝浦 著	…	…	↓	9.43	…		↓	↓	12.00		↓	↓	1.58	…	↓	3.55		↓	6.00	…	↓	8.00	…		…		10.35	…	…	…	…	…
	太海 〃	…	…	10.59	…	…	↓	12.59			↓	2.48		…	…	5.16	…	↓	7.24	↓	…	9.22	…	…	↓	…	↓	…	…	…	…	…	…
	成田 〃	…	…	7.34	…	…	9.29		10.25	…	11.09		12.05	…	…	1.50	…	3.12		4.37	…		…	…	7.06	…	8.47	…	…	…	…	…	…

日本交通公社刊、「時刻表復刻版・汽車時間表」より転載。

常磐・奥羽・羽越線

羽越本線阿賀野川鉄橋

常磐線

駅名の下に記したキロは上野駅起点

この線は上野駅を発し、日暮里で東北本線と分かれ、常総の平野を貫いて水戸に至り、それから太平洋に沿い、岩沼に至って東北本線に合する線で、上野からこの線を通じて青森へ二本の直通列車があり、内一本は急行である。上野、仙台間普通一一時間、急行八時間、上野、青森間普通二三時間、急行一七時間を要する。

日暮里から東北本線に分かれ、金町から中川を渡って松戸に至れば下総国で、小金原を過ぎればさらに利根川の大鉄橋を渡って取手に出る、佐貫からは常陸国。

水戸以北は鉄路はおおむね浜街道に沿い、久慈川を渡って海岸に近づき、関本から一隧道を過ぎれば勿来（なこそ）、地は既に磐城国で、岩石の起伏、松林の連続、波濤の跳躍、風光の美、目を拭わしめるものがある。久ノ浜から木戸に至る間は小隧道多く、木戸からはさらに金山隧道を過ぎて富岡に出る。隧道は長さ約一六四五メートル、常磐線中第一の長隧道である。新地に至れば三たび海岸に近づき、亘理から阿武隈川を渡り、岩沼に至って東北本線に接するのである。

上野（うえの）　この線の列車始発駅。

南千住（みなみせんじゅ）　駅の付近には東京毛織物会社、富士製紙会社などがあり、一帯に工場が多い。

北千住（きたせんじゅ）　東武鉄道接続点。

金町（かなまち）　京成電気鉄道接続点。▼柴又帝釈天　東南一・三キロ、京成電気鉄道の便がある。本尊帝釈天は日蓮上人が自ら梨板に彫刻したものと伝え、申の日が縁日であるが、ことに庚申の日は雑沓を極める。

松戸（まつど）　松戸町は江戸川に臨む交通の要路。

馬橋（まばし）　流山鉄道接続点、流山まで五・七キロ。▼流山町　流山鉄道の終点流山駅付近、町は古来みりんの醸造地として知られ、近年は正油も声価を高めた。

柏（かしわ）　総武鉄道接続点。柏、清水公園間一六・四キロ、別に柏、船橋間一九・六キロ。野田線運河駅から西北一一〇メートルには利根運河西岸の桜が八キロばかり続いている。

我孫子（あびこ）　三三・五キロ　成田線分岐点。

▼手賀沼　南七七〇メートル、沼畔に子ノ神権現あり、風光の勝を占めている。

取手（とりで）　常総鉄道接続点。

▼長禅寺（真言宗）　駅前、平将門の創建。

▼常総鉄道線　取手、下館間五一・三キロ。太田郷、三所間六キロ。

藤代（ふじしろ）　▼不動院（真言宗）　西北約一一キロ、俗に安産不動という本堂、仁王門などがあり、本堂内には国宝の不動像が安置されている。

佐貫（さぬき）　竜崎鉄道接続点。佐貫、竜崎間四・五キロ。

牛久（うしく）　▼牛久沼駅付近、風景よく、湖中うなぎ、鯉、ふななどを産する。

荒川沖（あらかわおき）　霞ケ浦飛行場は東四キロ、自動車の便がある。

土浦（つちうら）　六六キロ　筑波鉄道接続点。

もと土屋氏九万五千石の城下で、霞ケ浦の西岸にあり、特にわかさぎを名物とする。また、まゆの集散全国第一位を占めている。

▼筑波鉄道　土浦、岩瀬間、四〇・一キロ。

高浜（たかはま）　霞ケ浦に臨んで鹿島方面へ汽船便がある。

石岡（いしおか）　鹿島参宮鉄道接続点。石岡はもと府中と称し、常陸の国府があった所で、町の西端にはあるいは古えの国府址かといわれる府中城址、町の北端には国分寺があり、駅から西南一キロ余の平福寺境内には常陸大掾（だいじょう）平国香の墓がある。

▼鹿島参宮鉄道　石岡、鉾田間二六・九キロ。

友部（ともべ）　一〇一キロ　水戸線分岐点。

赤塚（あかつか）　一一一・五キロ　茨城鉄道接続点。

▼茨城鉄道線　赤塚、御前山間　二五・一キロ。

水戸（みと）　一一七・五キロ　水郡南線分岐点。水浜電軌（袴塚、海門橋間二〇キロ）および水戸電鉄（下水戸、常陸長

柏駅の駅員　昭和13年。

土浦駅　大正13年頃。

土浦駅ホームの売店　大正11年頃。

水戸駅　昭和初期。

岡間七・六キロ）接続点。上野から急行二時間半、普通三時間半、もと徳川氏三十五万石親藩の地、旧水戸城址を中央にして上市、下市の二つに分かれている。上市の南町、泉町は市内の最も繁華な街路である。人口五万を有し、麦、さけ、雛人形、提灯、納豆などを産する。

▼常磐公園　西約二キロ余、電車、自動車がある。第一公園ともいい、日本三公園の一である。はるかに筑波山、加波山を仰ぎ、四方の展望がよい。園の東北は梅林で、雅致を添えている。

名物　吉原殿中（菓子）、納豆、梅羊羹。

勝田（かつた）　湊鉄道接続点。勝田、阿字ケ浦間一四・三キロ。

石神（いしがみ）　▼村松虚空蔵　東南二キロ半、毎年陰暦三月一三日には「十三詣り」といって、一三歳の子女に知恵を授けるというので参詣人が多い。

大　甕（おおみか）　常北電気鉄道接続点。

大甕、久慈間二・一キロ。駅付近海水浴場が多い。

下　孫（しもまご）　▼河原子海水浴場　東一キロ半、自動車がある。

助　川（すけがわ）　▼日立鉱山　西北四キロ、金、銀、銅、硫化鉄を産出する。鉱区二万七二四七アール、その取扱量一か月約三八〇〇トン、鉱夫三六〇〇名。

川　尻（かわじり）　▼法鷲院　約一キロ、新義真言宗豊山派に属し、大同二年の創建である。

高　萩（たかはぎ）　駅付近は海水浴の適地。

▼栢槙（いぶき）　櫛形村にある天然記念物。▼千代田炭鉱　西北四キロ、この石炭は茨城無煙炭と称して黒煙を発しない。

磯　原（いそはら）　▼天妃山　東北七七〇メートル、大北川の河口にあり、風光よく海水浴場がある。

関　本（せきもと）　一八〇・九キロ　▼花園山西一六キロ、しゃくなげの名所である。

勿　来（なこそ）　▼勿来関址　西南約二キロ余。

泉（いずみ）　磐城海岸軌道（泉、江名間一一・一キロ）接続点。▼小名浜　東三キロ余、常磐屈指の良港で、鮮魚の水揚多く、付近からはかつお、ふか、かれいなどがとれる。

湯　本（ゆもと）　▼湯本温泉　西北三三〇メートル、皮膚病、胃腸病などによい。

綴（つづら）　本州第一の産炭地、いわゆる磐城炭はこの付近から出る。

▼白水阿弥陀堂　西約二キロ余、平泉の光堂を模した八〇〇年前の古建築である。阿弥陀堂および阿弥陀三尊並び二天像は国宝になっている。

下孫駅（現常陸多賀駅）ホーム　昭和初期。

高萩駅　昭和初期。

磯原駅付近大北川鉄橋　大正初期。

磯原駅構内　大正期。

平（たいら）　二一一・六キロ　磐越東線分岐点。上野から急行約四時間半、普通約五時間半、浜街道中水戸以北第一の都市で、もと安藤氏三万石の城下、人口二万六〇〇〇を有している。

草　野（くさの）　▼新舞子　東南一・六キロ、海浜の松林で舞子に似た風情がある。

四ツ倉（よつくら）　町はこの地方有数の漁港で、近海にはかつお、さんまの漁獲が多い。

久ノ浜（ひさのはま）　▼波立薬師　南二キロ半。

広　野（ひろの）　▼高田、広野炭鉱、四キロ。

富　岡（とみおか）　▼磐城無線電信局富岡受信所　北約三キロ余。

浪　江（なみえ）　▼大堀相馬焼製造所　西南約五キロ。

小　高（おだか）　▼県社小高神社　北五五〇メートル。相馬三妙見の一、七月一二日には太田および中村の妙見神社と共に、この三社連合の馬追いの神事が行われる。

磐城太田（いわきおおた）　県社太田神社　西北一キロ半、相馬妙見の本社である。

原ノ町（はらのまち）　二八八・二キロ　原ノ町は浜街道の要路にあたり商業が盛んで、人口約一万二〇〇〇。

中　村（なかむら）　もと相馬氏六万石の城下で相馬焼を産する。▼中村城址　西約一キロ半。相馬氏累世の居城址で、県社中村神社および郷社相馬神社がある。前者は相馬三妙見の一。

新　地（しんち）　▼新地貝塚　西南一キロ半、遺物、貝殻、竪穴住居址などがある。

岩　沼（いわぬま）　三四五・三キロ　東北本線の分岐点。

勿来駅　明治30年開業当時。

平駅　大正期か。

奥羽本線

本線は東北本線福島駅から分岐し、板谷峠を横断して米沢へ向う。その間は本線工事中最も困難であった所で、十余の隧道を穿ち、古来最も難所とした米沢入りの道も容易にその険路を越え得ることになったのである。米沢からは国道に沿って山形、新庄を経て秋田に向い、その間出羽の三山および鳥海山を望む。秋田から汽車は八郎潟に沿って走り、風光の美、相次いで車窓に入る。機織から線路は右に折れて、米代川に沿って開ける平野の間を走る。大館を後にすれば、汽車はやがて矢立の山中に入る。ここは羽後、陸奥の境で、渓山の勝また捨てがたいものがある。弘前に至れば岩木山の秀容車窓にあらわれ、汽車は津軽平野を走り、大釈迦から津軽坂の険を過ぎて、青森に至る。列車の運行は本線を通じて上野—青森間相互直通列車三本。内一本は急行約二〇時間、普通約二三時間半を要し、福島—青森間急行約一五時間を要する。

峠駅　明治末期。

建設中の上ノ山駅　明治34年に開業。

福　島（ふくしま）　東北本線参照。

庭　坂（にわさか）　駅付近は梨の産地で東京、名古屋、大阪、北海道方面へ送出される。

板　谷（いたや）　▼五色温泉　西南約三キロ、駕籠（上り一円七〇銭、下り一円六〇銭）がある。

峠（とうげ）　名前の如く峠の頂上で海抜約六六〇メートル。初夏新緑が美しい。▼滑川温泉　西南四キロ、坂路で徒歩を要する。胃腸病、脚気、リュウマチなどに効く。紅葉が美しい。

米　沢（よねざわ）　四三キロ　米坂線分岐点。米沢市はもと上杉氏十五万石の城下で人口四万七〇〇〇を有し、米沢織および人造絹糸の産地として知られている。産物にはその他桜桃、酒、米、牛肉などがある。

名物　牛肉、常盤漬、時雨の松（菓子）、鯉。

糠ノ目（ぬかのめ）　高畠鉄道接続点。

▼高畠鉄道　糠ノ目、二井宿間　一〇・六キロ。

赤　湯（あかゆ）　長井線分岐点。▼赤湯温泉　東約二キロ、自動車一〇銭、積雪の際は箱橇を用いる。胃腸病、婦人病、痔疾などによい。

中　川（なかがわ）　▼中山の葡萄園　四キロ、欧州種の適地で栽培反別三〇〇〇アール。

上ノ山（かみのやま）　▼上ノ山温泉　西五〇〇メートルないし二キロ、古くは鶴脛ノ湯と称し、胃腸病、貧血症などによい。奥羽三楽郷の一といわれ、もと松平氏三万石の城下で、町の西丘月岡城址は眺望がよい。温泉場の付近に沢庵禅師の春雨庵址がある。寛永六年（一六二九）禅師は幕府の忌諱に触れこの地に謫せられ蟄居四年で許されて帰った。

名物　紅柿、干柿、まんじゅう、麻布紙。

金　井（かない）　蔵王山へは九キロでその最高峰熊野岳に登れる。冬はスキー登山が盛んで山形高等学校の合宿小屋などがある。

名物　湯ノ花、木細工。

山　形（やまがた）　九〇キロ　左沢線分岐点。福島から三時間、山形市はもと最上といい、水野氏五万石の城下で人口六万一〇〇〇、朧月餅、千歳焼、桜桃、桐紙、銅鉄器、熨斗梅、甘露梅、やたら漬、黒柿細工、はっか、生鯉、サツキなどを産する。▼山形城址　北八〇〇メートル、霞ケ城とも称し、外濠、土塁などが残っている。

天　童（てんどう）　もと織田氏二万石の城下、駅東の舞鶴山は城址で山上に織田信長を祀った県社建勲神社がある。▼天童温泉　東約一キロ、自動車がある。胃腸病、神経痛によい。

名物　将棋駒。

神　町（じんまち）　谷地軌道（神町、谷地間五・八キロ）接続点。

大石田（おおいしだ）　尾花沢鉄道（大石田、尾花沢間二・六キロ）接続点。尾花沢は両羽街道の宿駅で越後の高田、飛騨の高山と共に積雪が多いので知られている。

新　庄（しんじょう）　一五一・五キロ　陸羽線分岐点。もと戸沢氏六万八千石の城下で、もと沼田と称し、最上氏の一族がいた所という。人口約一万四〇〇〇。▼沼田城址　西約一・五キロ、戊辰の役にこの城において奥羽同盟の諸藩に抗し、城市悉く兵火に罹った。

羽前豊里（うぜんとよさと）　▼羽根沢温泉　西南九キロ、駄馬の便がある。神経諸病、皮膚病などによい。

山形駅構内　明治34年、開通直後の最初の列車である。

山形駅　昭和２年の改築直後。

天童駅前　明治末期。

新庄駅　昭和一五年の写真。

院内駅　大正期。

生保内線（現田沢湖線）羽後長野駅　大正後期。

横手駅　明治末期。

院　内（いんない）　▼院内鉱山　西三キロ、古来屈指の銀山であったが、現在は産出量は大幅に減少した。

横　堀（よこぼり）　▼湯ノ岱温泉　東南六キロ、自動車一円五〇銭。胃腸病、婦人病、リュウマチなどによい。

湯　沢（ゆざわ）　雄勝鉄道（湯沢、西馬音内間八・八キロ）接続点。湯沢町は雄物川平野にあり養蚕の中心、商工業も栄え生糸、絹織物、清酒、曲木細工などを産する。

横　手（よこて）　二三一・二キロ　横黒線分岐点。（東北本線黒沢尻駅参照）横荘鉄道線接続点。横手、二井山間二六・一キロ。横手町は商工業が盛んで人口約一万七〇〇〇。

▼横荘鉄道東線　本鉄道は奥羽本線の横手と羽越本線の羽後本荘を連絡せんとするもので両端から工事を始めている。

〔大曲〕（おおまがり）

大曲駅 大正期。

生保内線

〔羽後長野〕（うごながの）

秋田駅構内 明治三八年頃。

秋　田（あきた）　三〇一・六キロ　羽越線分岐点。福島から八時間半。もと佐竹氏二十万石の城下で、人口五万二〇〇〇。物産には畝織、八丈織、金銀細工、羽二重、秋田蕗、諸越、蕗砂糖漬などがある。秋田市の大体を見るには西北二二〇メートルの千秋公園に行くのがよい。▼千秋公園　もと久保田氏の城址で東北第一の公園といわれ、園内に桜が多く満開時は殊に華やかである。園上から秋田全市が一目で見渡せる。

土　崎（つちざき）　▼日本石油秋田製油所　西約一・五キロ。

追　分（おいわけ）　船川線分岐点。

大久保（おおくぼ）　▼八郎潟　西約一キロ、当駅から一日市を経て鹿渡（かど）に至るまでの八郎潟の風光は旅客の眼を楽しませる。

一日市（ひといち）　五城目（ごじょうのめ）軌道（一日市、五城目間三・九キロ）接続点。

機　織（はたおり）　三五八・三キロ　能代線分岐点。福島から約一二時間。

能代線（現五能線）能代駅　明治末、団体客出発の風景。

能代線

現在機織、岩館間が開通し、将来は海岸に沿って北行し五所川原線と接続する予定である。

能　代（のしろ）　能代港町は米代川河口の南岸にあり、人口約二万三〇〇〇、木材、春慶塗の産地として知られ、駅の北五五〇㍍に秋田木材会社があり、町の内外に挽物工場が多い。

椿（つばき）　▼雄島　西二二〇㍍、海岸の孤島で夏季遊覧に適する。

岩　館（いわだて）　海岸一帯に奇岩が多くあり一日の行楽として探勝するものが多い。▼物見多門穴　西一㌔。

二ツ井駅　大正期。

ニツ井（ふたつい）　▼七座山神社　東南四キロ、自動車の便がある。七座山上にあり古木に蔽われている。

大　館（おおだて）　小坂鉄道および秋田鉄道接続点。福島から約一三時間、大館町は地方交通の要点に当り、人口約一万五〇〇〇。製材業が盛んである。

大館駅三代目の駅舎　昭和九年。この年大館を始発とする秋田鉄道は国鉄に買収され花輪線となる。

小坂鉄道（現同和鉱業線）の軌道修理　明治末～大正期。

▼**小坂鉄道**　駅から右に向う本線（大館、小坂間二二・七キロ）と、左、花岡に向う支線（大館、花岡間四・八キロ）とがある。本線は茂内から二ツ屋に支線を分かつ。

小坂鉄道花岡鉱山駅　大正初期。

秋田鉄道（現花輪線）扇田駅　大正三年開通直後。

▼秋田鉄道　大館駅から南東に向い陸中花輪に至る（三七・二キロ）鉄道である。

扇　田（おおぎだ）　南八キロないし二〇キロの間、大巻、大葛、扇田の諸鉱山がある。

（末広）（すえひろ）

大滝温泉（おおたきおんせん）　▼大滝温泉　東北三三〇メートル、胃腸病、呼吸器病、リュウマチなどによい。

毛馬内（けまない）　ここは大館から二九・三キロ　十和田湖遊覧者の下車駅で、駅前に謡曲錦木に名高い錦木塚がある。▼大湯温泉　東北八キロ、大和田湖遊覧の道筋にある。胃腸病、婦人病、神経諸病などによい。

花　輪（はなわ）　盛岡方面から来る十和田湖遊覧者には花輪線およびこれと連絡する自動車でここに来て、さらに毛馬内に出る径路もある。（東北本線好摩駅参照）

▼尾去沢鉱山　西三キロ半、鉱山は三菱鉱業会社経営の銅山で、和銅年間（七〇八～一四）の発見といわれ、鉱産年額約一一〇円。

▼十和田湖　日本八景の一つ、その一湾一岬から一木一石に至るまで他の追随を許さぬ雅趣と、それらの色彩をそのままに倒映する漫々と湛えられた濃藍色の清澄な水とにより雄大壮麗な風致を成し、それに加えて古間木方面（東北本線）に奥入瀬の渓流美をもっている。春は新緑によく、夏は暑熱を知らず、秋は紅葉の大観がある。

陣　場（じんば）　▼矢立、日景、下内沢温泉　北二キロ、（馬車三〇銭）、胃腸病、リュウマチ、婦人病などによい。

碇ケ関（いかりがせき）　▼碇ケ関温泉　南一キロ余、自動車または馬車一五銭、平賀川に臨み閑寂な温泉場、呼吸器病、胃腸病などによい。

大　鰐（おおわに）　▼大鰐温泉　東南五五〇メートル、脂肪過多症、婦人病などによい。

弘　前（ひろさき）　四五〇キロ　福島から約一二時間、弘前市はもと津軽氏十万石の城下で人口四万一〇〇〇。りんご、米などの農産物を集散し、商業が盛んである。名産津軽塗の他、清酒、あけび蔓細工、藁工品、織物、りんご酒、種油などを産する。津軽塗は一名「バカ塗」とも称し、下塗から仕上げまで三八回から四〇回の塗りを重ねるので色彩の優雅なのと堅牢なのとで珍重される。弘前およびここに近い各駅付近はこの地方のりんごの主産地で年産額一二〇〇万円。このあたりには車窓から見渡す限りりんご畠がつづく。

名物　漆器、りんご、りんご羊羹、りんご砂糖漬。

川　部（かわべ）　黒石線、五所川原線分岐点。

秋田鉄道末広駅　大正期。

秋田鉄道毛馬内駅（現十和田南駅）
大正九年開通当時。

花輪駅　大正一二年開通当時。

五所川原線

現在陸奥赤石まで開通しており、将来能代線と接続する予定である。

五所川原（ごしょがわら）　津軽平野の中央に位置し、岩木川の右岸にあり、津軽米の大集散地である。▼小泊　西北三五キロ、自動車の便がある。途中十三潟を眺めながら行く。

鰺ケ沢（あじかさわ）　町はもと津軽米の積出港として栄えたところで、水産業が盛んである。人口五〇〇〇。

陸奥赤石（むつあかいし）　▼大戸瀬　西南一二キロ、自動車六〇銭。奇岩怪石犬牙の如く立ち、中に凝灰岩の海蝕を受けて平坦になった岩盤があり、いわゆる千畳敷の奇勝をなしている。

五所川原線（現五能線）
五所川原駅　昭和一〇年。

羽後岩谷駅　大正11年、開駅記念の絵はがき。

羽越線

本線は奥羽本線秋田から南に分かれ酒田、鶴岡、村上、新発田を経、ここで赤谷線が分かれて新津に至り信越本線および磐越西線に接続している。汽車はほとんど日本海沿岸を走るので、到る処風光美に富み、特に日本海に裾を曳いて西奥羽に君臨する鳥海山の秀容は幾度か車窓の眺に入る。三瀬から南方鼠ヶ関を経て越後に入り村上に至る間は、越後山脈の海に迫る間を縫って走り、幾多の海岸美に、応接のいとまもない程で、遠く彼方には粟島が夢のように横たわり、共に車窓の眼を楽しませる。村上から南は蒲原平野を走り飯豊山を左に望みつつ新津に着く。

青森からこの線および信越、北陸、東海道の三線を通じて裏日本を縦走し大阪に至る急行の所要時間は二四時間半、普通三〇時間、青森―新潟間一二時間、秋田―新潟間六時間。

秋　田（あきた）　奥羽本線参照。

羽後牛島（うごうしじま）　太平川を隔てて秋田市の南に接する米の集散地。

下　浜（しもはま）　海に臨み海水浴によい。

道　川（みちかわ）　海に面して海水浴に適する。

羽後亀田（うごかめだ）　亀田町はもと岩城氏二万石の城下町で、駅から北約三キロにその城址がある。

羽後岩谷（うごいわや）　▼赤田の大仏　駅の南約二キロ、正法山長谷寺（曹洞宗）にある。

〔西目〕（にしめ）

羽後本荘（うごほんじょう）　横荘鉄道（羽後本荘、前郷間一一・七キロ）接続点。本荘は子吉川の左岸にあり、その日本海に注ぐところが古雪港である。もと六郷氏三万石の城下で、城址は今公園となっている。

羽後平沢（うごひらさわ）　駅付近を琴ヶ浦海水浴場という。

金　浦（このうら）　西一キロに沖の島海水浴場がある。

象　潟（きさがた）　▼象潟の跡　駅の東および北に連なる水田一帯はもと浅い湾で象潟といい、その風景美は古くから著名なところで、芭蕉もここに遊んで「江の縦横一里ばかり俤松島に似かよひて又異なり松島は笑ふが如く象潟は怨むが如し」といっているが、文化元年の地変のため湾底が隆起して水が涸れ、島が残って田園となった。

吹　浦（ふくら）　▼鳥海山　鳥海山は山容秀麗、出羽富士と呼ばれ海抜二二三〇メートル、白衣の行者絡繹として参詣する霊山で、登山口は四つある。雄大な裾野一帯はスキーに好適で小滝付近は秋田方面の人で賑う。四月下旬まで約一〇キロの長大な滑降ができる。頂上付近は常に結氷している。

遊　佐（ゆざ）　▼戴邦碑　西北二キロ、玉龍寺境内にあり天保年間（一八三〇～四三）庄内藩酒井氏長岡へ移封の命を受くるや、領民大挙して出府強訴してその命を取消さしめた時の上下倚信の情を語るもの。

酒　田（さかた）　一〇四・八キロ　最上川の河口北岸にある港町。人口二万八〇〇〇。古くからの商業地で米の集散が盛んに行われ国立米穀倉庫がある。港口は最上川の土砂が堆積して水浅く、大船の水碇泊に適しないが、築港事業が進捗して鉄路の便と共に水陸相俟って今後一段の隆昌を見るであろう。

余　目（あまるめ）　一一七キロ　陸羽西線分岐点。

西目駅　大正後～昭和初期。

酒田駅　大正三年開通当時。

最上川駅（現酒田港駅）　大正四年の開通式当日。

鶴岡駅前　大正末期。

鶴　岡（つるおか）　一三二・三キロ　庄内電鉄（鶴岡、仮湯野浜温泉間一二・一キロ）接続点。もと酒井氏一二万石の城下で庄内平野の中心にある。羽二重を産し織物工場が多い。人口三万七〇〇〇。名物　栃餅、平核無柿、民田茄子、竹塗（塗器）、味淋漬。

羽前大山（うぜんおおやま）　大山町は庄内平野の西南部にあり、醸造業が盛んでいわゆる大山酒の産地。

三　瀬（さんぜ）　▼由良海水浴場　東北三・五キロ、自動車二〇銭。

温　海（あつみ）　駅の付近に不動島海水浴場、駅の南五〇〇メートルに平島海水浴場があり、温海川を挟んで相対している。名物　漆器、栃餅、粟蒔き、元録餅。

鼠ケ関（ねずがせき）　北陸道から羽州に入る首駅として古くから知られ、もと念珠関といった所。関川付近に念珠関址がある。町は弁天島を前に控えた風光明媚の鼠ケ関港に面している。付近は戊辰戦役の戦場。

勝　木（かつぎ）　勝木川口にあり、橘南谿によって名高い葡萄峠越えの国道は川口に沿って東南に向い川口の寝屋浜には鋒立という柱状の奇岩が聳立している。

桑　川（くわがわ）　勝木、桑川間には笹川流れがあり遊覧船が通っている。▼笹川流れ　勝木川口以南三面（みおもて）川以北の海崖を海府浦といい、その間山嶺は、噴出花崗岩より成って奇景をなし、中心部を笹川流れと呼ぶ。桑川駅の南一・五キロの鳥

羽前大山駅　大正8年開通当時。

三瀬駅　大正後期。

越山から北方越後寒川駅の西南五〇〇㍍にある狐崎までの延長九㌔の海上がそれで、この間遊覧船で三時間くらいかかる。

村　上（むらかみ）　もと内藤氏五万石の城下、町は門前川の左岸臥牛山の麓にある。山辺黒織、鮭、漆器の産があり、漆器は各方面に珍重されて米国方面へも輸出する。

坂　町（さかまち）　▼乙宝（おっぽう）寺（真言宗）西五㌔、大日如来坐像、阿弥陀如来坐像、薬師如来坐像および三重塔は国宝に指定されている。

加　治（かじ）▼菅谷不動（真言宗）東八㌔、明王護国寺と称しあるいは菅谷寺ともいう。新潟県下著名の霊場で参籠者が多く殊に眼病者が絶えない。

新発田（しばた）　二四五・七㌔　赤谷線分岐点。もと溝口氏十万石の城下、木崎梨という梨を産し大粒なので知られている。

天王新田（てんのうしんでん）　▼月岡温泉　東四・五㌔自動車の便あり。皮膚病、リュウマチ、胃腸病によい。

水　原（すいばら）　付近は越後米および大豆の主産地。

新　津（にいつ）　二七一・七㌔　信越本線磐越西線接続点。（信越本線参照）

新発田駅前通り　大正期。

常磐線下り（上野・平間）

大正十三年七月三十一日改正　同十四年四月一日訂補　**上野・平間**　特ニ示シタルモノヽ外二、三等車

下リ列車

線名	驛名		哩程	943 (3)	833	809	673 (3)	811	803	655	813	851	815
東北本線	上野	發	0.0	…	…	…	…	…	6.25	…	7.45	8.22	9.05
	日暮里	〃	1.4	…	…	…	…	…	6.32	…	7.52	8.29	9.12
常磐線	三河島	〃	2.1	…	…	…	…	…	6.36	…	7.56	8.33	9.16
	南千住	〃	3.4	…	…	…	…	…	6.42	…	8.02	8.39	9.22
	北千住	〃	4.6	…	…	…	…	…	6.48	…	8.07	8.44	9.28
	龜有	〃	7.6	…	…	…	…	…	6.56	…	8.15	8.52	9.36
	金町	〃	8.7	…	…	…	…	…	7.01	…	8.20	8.57	9.41
	松戸	〃	11.2	…	…	…	…	…	7.08	…	8.27	9.04	9.48
	馬橋	〃	13.3	…	…	…	…	…	7.14	…	8.33	9.10	9.54
	北小金	〃	15.1	…	…	…	…	…	7.20	…	8.39	9.16	10.00
	柏	〃	18.1	…	…	…	…	…	7.29	…	8.48	9.24	10.09
	我孫子	著	20.9	…	…	…	…	…	7.36	…	8.55	9.31	10.16
	我孫子	發		…	…	…	…	…	7.40	…	8.58	9.32	10.21
	取手	〃	24.7	6.36	…	…	…	…	7.50	…	9.08	成田著 10.33	10.31
	藤代	〃	28.4	6.47	…	…	…	…	7.59	…	9.17		10.40
	佐貫	〃	29.7	6.53	…	…	…	…	8.04	…	9.22		10.45
	牛久	〃	32.9	7.03	…	…	…	…	8.12	…	9.30		10.53
	荒川沖	〃	37.0	7.15	…	…	…	…	8.22	…	9.40	…	11.03
	土浦	〃	41.0	7.30	…	…	…	5.50	8.38	…	9.56	…	11.19
	神立	〃	44.9		…	…	…	6.03	8.48	…	10.06	…	11.29
	高濱	〃	48.9	…	…	…	岩瀬發 5.10	6.15	8.57	小山發 9.05	10.15	…	11.38
	石岡	〃	51.1	…	…	…		6.24	9.05		10.22	…	11.46
	羽鳥	〃	55.2	…	…	…		6.38	9.15		10.32	…	11.56
	岩間	〃	58.5	…	…	…		6.49	9.23		10.40	…	12.04
	友部	著	62.8	…	…	…	6.07	7.02	9.32	10.38	10.49	…	12.13
	友部	發		…	…	…	6.10	7.04	9.34	10.40	10.52	…	12.15
	内原	〃	65.8	…	…	…	6.22	7.14	9.42	10.49	11.00	…	12.23
	赤塚	〃	69.3	…	…	…	6.33	7.24	9.51	10.58	11.09	…	12.32
	水戸	著	73.0	…	…	…	6.44	7.35	10.00	11.07	11.18	…	12.41
	水戸	發		…	…	6.20	…	8.00	10.10	…	…	…	12.50
	勝田	〃	76.6	…	…	6.32	…	8.12	10.22	…	…	…	1.02
	佐和	〃	79.3	…	…	6.39	…	8.19	10.29	…	…	…	1.09
	石神	〃	82.1	…	…	6.46	…	8.26	10.36	…	…	…	1.16
	大甕	〃	86.7	…	…	6.58	…	8.38	10.48	…	…	…	1.28
	下孫	〃	89.6	…	…	7.06	…	8.46	10.56	…	…	…	1.36
	助川	〃	92.7	…	…	7.15	…	8.55	11.05	…	…	…	1.45
	小木津	〃	96.1	(3)	…	7.24	…	9.04	11.14	…	…	…	1.54
	川尻	〃	98.7	911	…	7.31	…	9.11	11.21	…	…	…	2.01
	高萩	〃	102.4	5.40	…	7.43	…	9.23	11.31	…	…	…	2.11
	南中郷	〃	105.2	5.50	…	7.51	…	9.31	11.39	…	…	…	2.19
	磯原	〃	108.0	5.59	…	7.59	…	9.38	11.46	…	…	…	2.26
	關本	〃	112.4	6.12	…	8.09	…	9.48	11.56	…	…	…	2.36
	勿來	〃	115.2	6.23	…	8.17	…	9.56	12.04	…	…	…	2.44
	植田	〃	118.1	6.32	…	8.24	…	10.03	12.11	…	…	…	2.51
	泉	〃	122.6	6.46	…	8.34	…	10.13	12.21	…	…	…	3.01
	湯本	〃	126.6	7.00	7.45	8.46	…	10.24	12.32	…	…	…	3.12
	綴	〃	128.8	7.10	7.53	8.54	…	10.31	12.39	…	…	…	3.19
	平	著	131.5	7.19	8.00	9.00	…	10.37	12.45	…	…	…	3.25
常磐線及東北本線	平	發	131.5	…	…	9.12	…	…	12.55	…	…	…	3.38
	原ノ町	著	179.6	…	…	11.44	…	…	3.15	…	…	…	5.58
	仙臺	〃	225.6	…	…	1.56	…	…	5.32	…	…	…	8.00
	一ノ關	〃	282.3	…	…		…	…	8.11	…	…	…	10.56
	青森	〃	465.3	…	…	…	…	…	5.20	…	…	…	…

驛名		853	817	855	819	857	821	823	859	825	861	827	829	801 (急 123)	831
上野	發	10.00	10.55	11.48	12.40	1.40	3.15	4.35	5.20	6.05	7.00	7.55	9.00	10.00	10.30
日暮里	〃	10.07	11.02	11.55	12.47	1.48	3.22	4.42	5.27	6.12	7.07	8.02	9.07	レ	10.37
三河島	〃	10.11	11.06	11.59	12.51	1.52	3.26	4.46	5.31	6.16	7.11	8.06	9.11	レ	10.41
南千住	〃	10.17	11.12	12.05	12.57	1.58	3.32	4.52	5.37	6.22	7.17	8.12	9.17	レ	10.46
北千住	〃	10.22	11.17	12.10	1.02	2.04	3.38	4.57	5.42	6.27	7.22	8.17	9.22	レ	10.50
龜有	〃	10.30	11.25	12.18	1.10	2.13	3.46	5.05	5.50	6.35	7.30	8.26	9.30	レ	10.58
金町	〃	10.35	11.30	12.23	1.15	2.18	3.51	5.10	5.55	6.40	7.35	8.31	9.35	レ	11.03
松戸	〃	10.42	11.37	12.30	1.22	2.25	3.58	5.17	6.02	6.47	7.42	8.39	9.42	レ	11.10
馬橋	〃	10.48	11.43	12.36	1.28	2.31	4.04	5.23	6.08	6.53	7.48	8.46	9.48	レ	11.16
北小金	〃	10.54	11.49	12.42	1.34	2.37	4.10	5.29	6.14	6.59	7.54	8.53	9.54	レ	11.22
柏	〃	11.02	11.57	12.50	1.42	2.46	4.18	5.37	6.22	7.07	8.02	9.03	10.02	レ	11.30
我孫子	著	11.09	12.04	12.57	1.49	2.53	4.25	5.44	6.29	7.14	8.09	9.10	10.09	レ	11.37
我孫子	發	11.10	12.06	1.02	1.51	2.55	4.28	5.48	6.30	7.17	8.11	9.14	10.10	レ	11.40
取手	〃	成田著 12.10	12.16	成田著 2.02	2.01	成田著 3.55	4.38	5.58	成田著 7.30	7.27	成田著 9.11	9.24	10.20	レ	11.48
藤代	〃		12.25		2.10		4.47	6.07		7.36		9.33	10.29	レ	…
佐貫	〃		12.30		2.15		4.52	6.12		7.41		9.38	10.34	レ	…
牛久	〃		12.38		2.23		5.00	6.20		7.49		9.46	10.42	レ	…
荒川沖	〃	…	12.48	…	2.33	…	5.10	6.30	…	7.59	…	9.56	10.52	レ	…
土浦	〃	…	1.04	…	2.48	…	5.25	6.46	…	8.14	…	10.12	11.03	11.23	…
神立	〃	…	1.14	659	2.58	661	5.35	6.56	…	8.24	665	10.22		レ	…
高濱	〃	…	1.23	小山發 1.12	3.07	小山發 3.25	5.44	7.05	…	8.33	小山發 9.00	10.31	…	レ	…
石岡	〃	…	1.31		3.15		5.52	7.13	…	8.40		10.38	…	レ	…
羽鳥	〃	…	1.41		3.25		6.02	7.23	…	8.50		10.48	…	レ	…
岩間	〃	…	1.49		3.33		6.10	7.31	…	8.58		10.56	…	レ	…
友部	著	…	1.58	2.50	3.42	5.02	6.19	7.40	…	9.07	10.35	11.05	…	レ	…
友部	發	…	2.00	2.53	3.45	5.04	6.21	7.42	…	9.09	10.37	11.07	…	レ	…
内原	〃	…	2.08	3.02	3.53	5.13	6.29	7.50	…	9.17	10.46	11.15	…	レ	…
赤塚	〃	…	2.17	3.11	4.02	5.22	6.38	7.59	…	9.26	10.55	11.24	…	レ	…
水戸	著	…	2.26	3.20	4.11	5.31	6.47	8.08	…	9.35	11.04	11.33	…	12.32	…
水戸	發	…	2.35	…	4.20	…	6.56	…	…	9.45	…	…	…	12.40	…
勝田	〃	…	2.47	…	4.32	…	7.08	…	…	9.57	…	…	…	レ	…
佐和	〃	…	2.54	…	4.39	…	7.15	…	…	10.04	…	…	…	レ	…
石神	〃	…	3.01	…	4.46	…	7.22	…	…	10.11	…	…	…	レ	…
大甕	〃	…	3.13	…	4.58	…	7.34	…	…	10.23	…	…	…	レ	…
下孫	〃	…	3.21	…	5.06	…	7.42	…	…	10.31	…	…	…	レ	…
助川	〃	…	3.30	平	5.15	…	7.51	…	…	10.39	…	…	…	レ	…
小木津	〃	…	3.39	・	5.24	…	8.00	…	…	10.48	…	…	…	レ	…
川尻	〃	…	3.46	久	5.31	…	8.07	…	…	10.55	…	…	…	レ	…
高萩	〃	…	3.56	ノ	5.41	…	8.17	…	…	11.04	…	…	…	レ	…
南中郷	〃	…	4.04	濱	5.49	…	8.25	…	…	11.12	…	…	…	レ	…
磯原	〃	…	4.11	間	5.56	…	8.32	…	…	11.19	…	…	…	レ	…
關本	〃	…	4.21	第	6.06	…	8.42	…	…	11.29	…	…	…	レ	…
勿來	〃	…	4.29	八	6.14	…	8.50	…	…	11.37	…	…	…	レ	…
植田	〃	…	4.36	三	6.21	…	8.57	…	…	11.44	…	…	…	レ	…
泉	〃	…	4.46	五	6.31	837	9.07	839	…	11.54	…	…	…	レ	…
湯本	〃	…	4.57	列	6.42	7.40	9.18	10.50	…	12.04	…	…	…	レ	…
綴	〃	…	5.04	車	6.49	7.48	9.25	10.58	…	12.11	…	…	…	レ	…
平	著	…	5.10	」	6.55	7.54	9.31	11.04	…	12.17	…	…	…	2.40	…
平	發	…	5.24	…	7.05	…	9.40	…	…	…	…	…	…	2.48	…
原ノ町	著	…	久ノ濱著 5.50	…	9.30	…	富岡著 11.22	…	…	…	…	…	…	4.34	…
仙臺	〃	…		…		…		…	…	…	…	…	…	6.06	…
一ノ關	〃	…		…	…	…		…	…	…	…	…	…	8.20	…
青森	〃	…	…	…	…	…	…	…	…	…	…	…	…	3.15	…

普通急行料金ヲ要スル列車
上野・青森間……第801列車

寢臺車連結列車ト寢臺使用料金
一等 {上段 5.00圓 / 下段 7.00圓}
二等並型 {上段 3.00圓 / 下段 4.50圓}
……上野・青森間……第801列車

食堂車連結列車
洋食……第801列車

急行料金及列車食堂内定食料金ハ221頁參照

細字ハ午前　太字ハ午後　レハ通過　(洗)ハ洗面所設置驛　(弁)ハ辨當販賣驛　●ハ接續驛　〒ハ公衆電報取扱驛　ロハ赤帽所在驛
☞線路ノ傍ニ記シアル括弧内ノ數字ハ參照時刻表所載頁ヲ示ス　驛名欄中括弧ヲ附シタル區間ニハ直通又ハ接續列車ノミヲ揭グ

羽越線下り（新津・鶴岡間）

大正十三年七月三十一日改正　同年十月五日訂補　**新津・…**

下リ列車

線名	驛名		哩程	531	515	505	517		519	12	503		521	523
東海道及北陸本線													684	774
	神戸	發	0.0	…	…	…	…		…	…	8.50	…	…	…
	大阪	〃	20.3	…	…	…	…		…	…	10.45	…	8.15	今庄發 6.28
	京都	〃	47.1	…	…	…	…		…	…	11.40	…	10.53	
	米原	〃	89.1	…	…	…	…		…	…	1.12	…	1.25	
	金澤	〃	205.5	…	…	…	…		…	…	6.34	…	7.58	10.32
	直江津	著	317.4	…	…	…	急		…	…	11.28	…	*1.58	*4.48
信越線						121	101	103	105				125	109
	上野	發	0.0	…	長岡發 5.10		8.30	7.10	8.40	…	↓	高崎發 6.08		7.20
	直江津	〃	180.8	…			5.19	5.27	7.14	…	11.38		2.05	5.20
	新津	著	256.0	…		*6.36	*8.09	*9.07	10.58	…	3.30		*5.52	*8.27
信越本線													急 102	
	新潟	發	0.0	…	…	6.10	8.50		11.45	…	↓	…	6.00	8.55
	新津	著	10.6	…	…	6.40	9.24		12.15	…	↓	…	*6.23	8.26
羽越線	新津	發	0.0	…	…	6.48	9.38		12.25	…	3.44	…	6.35	8.40
	水原	〃	6.3	…	…	7.05	9.53		12.43	…	4.01	…	6.52	8.57
	天王新田	〃	11.0	…	…	7.16	10.04		12.54	…	4.12	…	7.03	10.08
	新發田	〃	16.2	…	…	7.30	10.16		1.10	…	4.27	…	7.17	10.22
	加治	〃	18.8	…	…	7.38	10.24		1.18	…	4.35	…	7.27	10.30
	金塚	〃	21.9	…	…	7.46	10.32		1.27	…	4.47	…	7.35	10.38
	中條	〃	24.3	…	…	7.53	10.39		1.35	…	4.54	…	7.42	10.45
	平木田	〃	27.8	…	…	8.04	10.49		1.47	…	5.05	…	7.53	10.56
	坂町	〃	29.8	…	…	8.11	10.55		1.56	…	5.12	…	8.00	11.03
	岩船町	〃	34.3	…	…	8.22	11.05		2.07	…	5.23	…	8.11	11.14
	村上	〃	36.9	…	5.55	8.37	11.20		2.21	…	5.38	…	8.26	11.21
	間島	〃	41.3	…	6.07	8.49	11.32		2.33	…	5.51	…	8.38	
	越後早川	〃	44.4	…	6.16	8.58	11.41		2.42	…	6.02	…	8.47	…
	桑川	〃	48.6	…	6.28	9.10	11.53		2.54	…	6.14	…	8.59	…
	越後寒川	〃	54.4	…	6.43	9.25	12.08		3.09	…	6.29	…	9.14	…
	勝木	〃	57.7	…	6.52	9.34	12.17		3.18	…	6.38	…	9.23	…
	府屋	〃	59.6	…	7.00	9.42	12.26		3.27	…	6.46	…	9.31	…
	鼠ヶ關	〃	62.8	…	7.10	9.51	12.35		3.37	…	6.55	…	9.40	…
	溫海	〃	68.3	…	7.27	10.06	12.50		3.53	…	7.10	…	9.55	…
	五十川	〃	72.0	…	7.42	10.19	1.03		4.07	…	7.23	…	10.08	…
	三瀬	〃	76.6	6.30	7.57	10.32	1.17		4.25	5.50	7.36	…	10.21	…
	羽前大山	〃	82.9	6.48	8.17	10.50	1.39		4.43	6.13	7.54	…	10.39	…
	鶴岡	著	86.7	6.58	8.29	11.00	1.43		4.53	6.25	8.04	…	10.49	…
	鶴岡	發	86.7	7.08	8.35	11.05	1.54		4.58	6.36	8.10	…	10.54	…
	余目	著	96.2	7.35	9.01	11.31	2.20		5.24	7.06	8.36	…	11.20	…
	酒田	〃	103.8		9.26	12.05	2.45		5.51	新庄著 8.54	9.00	…	11.44	…
	秋田	〃	168.9	…	1.17	3.47	6.19		8.30		12.16	…		…
奥羽本線				…	719		721							
	秋田	發	0.0	…	*1.50	4.00	*6.45		…	…	12.25	…	…	…
	青森	著	115.5	…	7.45	8.50	大館著 8.38		…	…	5.30	…	…	…
連絡船					123	*5				123	3			
	青森	發	0.0	…		12.55			…		*7.55	…	…	…
	函館棧橋	著	100.0	…		6.10			…		12.25	…	…	…

奥羽本線および生保内線下り（新庄・秋田と大曲・生保内間）

大正十三年七月三十一日改正　同年十二月二十日訂補　**新庄・秋田及大曲・生保内間**

下リ列車

線名	驛名		哩程	1	713	715	3	701 (急)	5	719	705		7	721	9	723	11	703	
														205		215			
東北本線	上野	發	0.0	…	…	…	…	8.00	…	…	9.10	…	…	11.00	…	…	…	6.00	…
	大宮	〃	16.6	…	…	…	…	8.42	…	…	9.58	…	…	11.37	…	…	…	6.59	…
	宇都宮	〃	65.8	…	…	…	…	10.20	…	…	12.12	…	…	2.00	…	…	…	9.09	…
	福島	著	168.0	…	…	…	…	2.13	…	…	5.00	…	…	*7.05	白河發 6.15	*9.12	…	2.10	…
奥羽本線	福島	發	0.0	…	…	…	…	2.22	…	…	5.10	…	…	7.25		10.10	…	2.18	…
	米澤	〃	26.1	…	…	…	…	4.52	…	5.30	7.43	…	…	10.00	…	12.50	…	4.50	…
	山形	〃	55.3	…	…	…	…	5.57	…	6.57	9.08	…	…	11.35	…	2.24	…	6.10	…
	新庄	著	93.5	…	…	…	…	7.16	…	8.40	10.52	…	…	1.31	…	4.12	…	7.49	…
	新庄	發	93.5	…	…	5.30	…	7.24	…	8.53	11.00	…	…	1.43	…	4.23	…	7.57	…
	泉田	〃	97.0	…	…	5.43	…	レ	…	9.06	11.14	…	…	1.56	…	4.36	…	8.09	…
	羽前豊里	〃	101.4	…	…	5.54	…	レ	…	9.17	11.25	…	…	2.07	…	4.47	…	8.19	…
	眞室川	〃	103.1	…	…	6.00	…	レ	…	9.23	11.31	…	…	2.13	…	4.53	…	8.25	…
	釜淵	〃	108.8	…	…	6.23	…	レ	…	9.46	11.54	…	…	2.36	…	5.16	…	8.48	…
	及位	〃	116.6	…	…	6.53	…	レ	…	10.18	12.24	…	…	3.08	…	5.46	…	9.16	…
	院内	〃	122.0	…	…	7.10	…	レ	…	10.36	12.42	…	…	3.26	…	6.08	…	9.33	…
	横堀	〃	124.4	…	…	7.18	…	レ	…	10.44	12.50	…	…	3.34	…	6.17	…	9.40	…
	湯澤	〃	131.9	…	…	7.35	…	レ	…	11.01	1.07	…	…	3.51	…	6.36	…	9.55	…
	十文字	〃	136.5	…	…	7.47	…	レ	…	11.13	1.19	…	…	4.03	…	6.49	…	10.06	…
	横手	〃	143.1	…	6.15	8.16	…	9.29	…	11.40	1.43	…	2.10	4.27	…	7.16	…	10.30	…
	後三年	〃	147.0	…	6.25	8.28	…	レ	…	11.51	1.53	…	2.22	4.39	…	7.23	…	10.40	…
	飯詰	〃	150.2	…	6.33	8.36	…	レ	…	12.00	2.01	…	2.32	4.48	…	7.33	…	10.47	…
	大曲	著	154.6	…	6.43	8.46	…	9.51	…	12.11	2.11	…	2.44	4.58	…	7.50	…	10.56	…
生保内線	大曲	發	0.0	5.55	↓	↓	8.58	↓	10.42	↓	↓	…	3.00	↓	5.10	↓	8.05	↓	…
	羽後四ツ屋	〃	3.4	6.08			9.09		10.55			…	3.14		5.23		8.18		…
	羽後長野	〃	6.8	6.23			9.22		11.09			…	3.29		5.37		8.33		…
	鶯野	〃	10.4	6.43			9.35		11.27			…	3.46		5.55		8.50		…
	角館	〃	14.2	6.58			9.48		11.42			…	4.01		6.10		9.10		…
	神代	〃	19.4	7.10			10.07		12.03			…	4.22		6.31		9.31		…
	生保内	著	22.1	7.28			10.15		12.12			…	4.31		6.40		9.40		…
奥羽本線	大曲	發	154.6	…	6.45	8.47	…	9.52	…	12.15	2.14	羽越線經由 新潟發 6.10	…	5.00	…	7.57	…	10.57	羽越線經由 神戸發 9.50
	神宮寺	〃	158.4	…	6.55	8.57	…	レ	…	12.26	2.23		…	5.11	…	8.07	…	11.06	
	刈和野	〃	163.1	…	7.07	9.08	…	レ	…	12.45	2.34		…	5.24	…	8.19	…	11.17	
	羽後境	〃	170.1	…	7.28	9.27	…	レ	…	1.04	2.52		…	5.44	…	8.37	…	11.34	
	和田	〃	178.5	…	7.48	9.47	…	レ	…	1.23	3.15		…	6.13	…	8.57	…	11.53	
	四ツ小屋	〃	182.5	…	7.58	9.57	…	レ	…	1.33	3.23		…	6.23	…	9.07	…	12.03	
	秋田	著	186.9	…	8.07	10.05	…	10.57	…	1.42	3.32		…	6.32	…	9.13	…	12.12	
											505							503	
	秋田	發	186.8	…	8.20	…	…	11.05	…	1.30	*4.00		…	6.45	…	…	…	2.25	
	大館	〃	251.5	…	11.09	…	…	1.14	…	4.43	7.01	…	…	8.38	…	…	…	2.52	…
	大鰐	〃	271.7	…	12.24	…	…	レ	…	6.03	8.17	…	…	…	…	…	…	4.05	…
	弘前	〃	279.0	…	12.44	…	…	2.34	…	6.23	8.38	…	…	…	…	…	…	4.22	…
	青森	〃	302.3	…	2.17	…	…	3.35	…	7.45	8.50	…	…	…	…	…	…	5.30	…

細字ハ午前　太字ハ午後　レハ通過　*ハ乘換　(洗)ハ洗面所設置驛　(弁)ハ辨當販賣驛
☞線路ノ傍ニ記シアル括弧内ノ數字ハ參照時刻表所載頁ヲ示ス　驛名欄中

日本交通公社刊、「時刻表復刻版・汽車時間表」より転載。

北陸線

武生駅冬景色

旧長浜駅舎　現在は長浜鉄道資料館。資料館として修復される以前、北陸本線電化後の、使用されていない時代の写真。

北陸本線

本線は東海道本線米原から分岐し、琵琶湖岸に沿い北上して北陸に入り、直江津に行って信越線に接続している。

汽車は米原を後にすると直ちに琵琶湖の水光に接し、柳ケ瀬トンネルを過ぎれば地は既に北陸で、やがて敦賀の市街に接するのである。敦賀からは西に小浜線を分かち、北に向かって木ノ芽峠の山脈に数箇のトンネルをうがって行く。

元比田のトンネルを過ぎれば鉄路は東に迂回し、今庄に至って平野に入り武生を経て福井を指す。福井からは九頭竜川を渡ってなお平野を走り、小松駅から再び海岸に近づき、小舞子、美川のあたり展望がことに秀麗である。

金沢を後にすると河北潟の風光がある。津幡は七尾線の分かれる所で、倶利伽羅峠を越え、福岡を過ぎれば平野はようやく開けて高岡市に至る。ここから中越線と氷見線とが南北に分かれている。

富山以東の地は立山、剣岳などいわゆる日本北アルプスの高山峻嶺その南東に連亙し、汽車は多く海岸に近く走る。泊から境川を渡ると越後の国で、崖下の汀際に一路を通ずる。これが有名な親不知、子不知の嶮で、鉄道はこの絶壁を開鑿して敷設し、市振から親不知を経て青海に至る間七大トンネルがある。姫川を渡れば糸魚川、姫川の橋上からは左は直ちに日本海の海光があり、右は飛騨山脈の重畳するを見る、眺望雄大である。かくて汽車は名立川を渡って鳥首崎を横断し、郷津トンネルを出て直江津に着く。

米　原（まいばら）　北陸本線起点。

長　浜（ながはま）　琵琶湖東第一の商工地、古来浜ちりめんの産地として知られまたビロード、かやの産出も相当ある。

木ノ本（きのもと）　▼賤ケ岳　西約三キロ余、自動車二〇銭。秀吉が柴田勝家を破った古戦場の賤ケ岳は、南は琵琶湖、北は余呉湖に臨み、両湖の隔障を成している。

敦　賀（つるが）　四八・五キロ　米原から約一時間半、もと酒井氏一万石の城下。裏日本の良港、欧亜国際交通路の要衝を成しウラジオストックへは毎週一回連絡船があり、その発着当日は東京からここに接続する急行旅客列車を運転する。また北朝鮮各港との最捷経路として重きをなし、元山、雄基、城津、清津へは毎月五回の定期航路がある。▼官幣大社気比神宮　西北約一キロ半、自動車二〇銭。伊奢沙別命外六神を祀る、越前国一ノ宮、高さ一〇メートル余の大鳥居および本殿は国宝になっている。

名物　求肥昆布、豆落雁、昆布菓子。

小浜線

敦賀から西に分岐し、新舞鶴において舞鶴線と接続する。

河原市（かわらいち）▼久々子海岸　約二キロ、海水浴場。

三　方（みかた）▼三方湖　北八八〇メートル、三方、水月、久々子の三湖が相連って風景がよい。遊覧船の設備があり、ふな、こいがよく釣れる。

小　浜（おばま）四九・五キロ　若狭第一の都会で、もと酒井氏十万三千石の城下、山海の風光に富む。▼小浜城址　東北約二キロ。名産　若狭塗、若狭たい、若狭かれい。

〔若狭本郷〕（わかさほんごう）

若狭高浜（わかさたかはま）▼城山八穴の奇勝　北約一キロ半。

松尾寺（まつおでら）▼松尾寺　東北約三キロ、西国三十三所第二十九番札所、山頂には奥ノ院があり、そこからは舞鶴湾の俯瞰がよい。

新舞鶴（しんまいづる）　舞鶴線分岐点。

小浜線小浜駅　大正後期。

小浜線若狭本郷付近の本郷鉄橋　大正後期。

小浜線若狭高浜駅　大正後期。

今庄駅　大正期。

武生駅　明治末～大正期。

武生駅構内　大正～昭和初期。

新　保（しんぼ）▼新保鉱泉　東北約三キロ。

今　庄（いまじょう）▼夜叉ケ岳　東南約二〇キロ、越美の国境にあり海抜九〇〇メートル、古来雨乞いの霊場として名がある。

武　生（たけふ）南越鉄道、福武電鉄接続点。

　武生町は古の府中で前田氏もここにあった。越前かや、製紙の産地、県下で福井に次ぐ商工業地である。

▼**南越鉄道**　武生、戸ノ口間　一四・三キロ。

▼**福武電気鉄道**　武生新、福井新間　一八・二キロ。

武生駅構内　大正期。

武生駅構内のラッセル車　昭和２年。

鯖　江（さばえ）　鯖浦電鉄接続点。

▼鯖浦鉄道　鯖江、織田間一九・二キロ。

福　井（ふくい）　一〇九・八キロ　米原から約三時間半、足羽川の流れに沿った越前平野の中心地である。

昔は「北ノ庄」といって柴田勝家の依ったところ、松平氏がここに封を受けてから現称に改め、三十二万石の城下として知られていた。人口六万七〇〇余。羽二重、富士絹、人造絹糸などの産額は全国中はるかに他を凌ぐものがあり、その八割は輸出品である。

名物　うに、かに罐詰、羽二重餅、かに、絹織物。

▼永平寺詣　東北一六キロ、越前電鉄によるとその永平寺口駅から分かれる永平寺鉄道で永平寺門前まで行く。そこから約半キロ。寺は曹洞宗の大本山、全国に一万五〇〇〇の末寺をもつだけあって堂塔伽藍荘厳整然。信徒は寺内に宿泊を請う便宜があり、一夜に三〇〇〇人を収容するという。

丸　岡（まるおか）　丸岡鉄道接続点。

もと有馬氏五万石の城下、越前平野東部における商工業の中心をなし、絹織物の産地である。

▼丸岡鉄道　丸岡、本丸岡間四・二キロ。

金　津（かなつ）　一二七・六キロ　三国線分岐点。

別に永平寺電鉄がこの駅に接続して丸岡、永平寺口を経て永平寺門前まで行く。

鯖江駅　明治末～大正期。

福井駅付近　足羽川鉄橋、大正期。

福井駅　大正後期。

越前電鉄（現京福電鉄）勝山駅　大正期。

金津駅（現芦原温泉駅）　明治30年開通直後。

三国線（廃止）芦原駅 大正期。出口の右に定期券購入の案内が見える。

芦原駅前 上の写真と同時期に撮影したもの。

三国線

金津から芦原を経て三国港に行く。

芦　原（あわら）▼芦原温泉　駅前、主に京阪および名古屋方面からの浴客で栄えている。

三国港（みくにみなと）　三国小女郎で古い湊情緒の濃い三国は、九頭竜川口の港で、今は漁場として栄えている。

名物　うに、かに、わかめ。

三国港駅 大正期。

三国港駅 上の写真の左側を写したもの。

大聖寺駅ホーム

作見駅（現加賀温泉駅）昭和一九年開業当時。

粟津駅　明治40年の開業から間もない頃。

粟津（電車）駅　本文中に出てくる温泉電軌の駅である。

大聖寺（たいしょうじ）　もと前田氏十万石の城下。ここの絹織物は一二百余年の歴史をもち、加賀錦として好評を博している。

〔作見〕（さくみ）

動　橋（いぶりはし）

粟　津（あわづ）　以上二駅およびこの駅とも温泉電軌の接続点で山中、山代、粟津、片山津への浴客下車駅である。

小　松（こまつ）　尾小屋鉄道および白山電鉄接続点。前者は尾小屋まで一六・七㌔。尾小屋鉱山の銅を輸送する。後者は遊泉寺まで六㌔。▼安宅の関址　西北四㌔、勧進帳で名高い安宅の関は安宅町の海浜であったというが、漸次海中に没して今はほとんどその址は無い。

寺　井（てらい）　能美電鉄接続点。同線は新寺井から新鶴来まで一五・八㌔。

小舞子（こまいこ）　駅は白砂青松の中にあり、毎年五月一日から九月一五日まで仮駅を開いて遊覧者および海水浴客の便を計っている。

小松駅　昭和12年。昭和７年に全焼し、翌年新築された駅舎である。

松　任（まつとう）　金沢電気軌道接続点。松任、金沢間八・七キロ。駅付近は加賀米の主産地である。

▼**聖興寺**　駅付近、寺内に俳人加賀の千代女の墓がある。

西金沢（にしかなざわ）　ここから鶴来まで一一・七キロ、金沢まで二・九キロの金沢電気軌道がある。

金　沢（かなざわ）　一八六・六キロ　浅野川電鉄、金石電鉄接続点。米原から約六時間。

浅野川電鉄は須崎へ六・一キロ、金石電鉄は大野港へ七・四キロ。

金沢はもと前田氏百万石の城下で犀

松任駅前　大正期。

金沢駅　明治末期。

金沢駅前　大正～昭和初期。

金沢駅プラットフォーム

川、浅野川の流域を占め人口一五万六〇〇〇、北国第一の都会である。

　産物には羽二重を始め、絹織物、箔、漆器、銅器、陶器を出し、商業活発である。

　市の中央に一丘陵の連亙しているのは旧城址で、有名な兼六園のある所である。園は駅の東南二キロ、電車七銭、日本三公園の一として知られている。

名物　御所落雁、梅精、くるみづけ、ゴリの佃煮、陶磁器、絹織物、漆器。

森　本（もりもと）▼深谷鉱泉　約三キロ、自動車の便がある。

津　幡（つばた）　七尾線分岐点。

七尾線高松駅　明治末～大正初期。

七尾線

この線は津幡から北に分かれて能登半島まで七〇・六キロ。

本津幡（ほんつばた）▼河北潟　西約三キロ余。

横　山（よこやま）▼木津桃林　駅付近一帯、花期四月中旬。

高　松（たかまつ）▼海水浴場　八八〇メートル。

宝　達（ほうたつ）▼宝達山　東八キロ、能登第一の高峰、海抜六八〇メートル、眺望美に富み頂上に宝達権現を祀る。

羽　咋（はくい）　能登鉄道接続点。

金　丸（かねまる）▼永光寺　南四キロ、曹洞宗の巨刹。

良　川（よしかわ）▼石動山　東約九キロ、海抜五〇八メートル、頂上に伊須流岐比古神社がある。

七　尾（ななお）　五四・一キロ　七尾港は日本海岸の良港、輪島町で産する輪島塗はここに集められ、さらに全国各地に送り出される。名物　大豆飴。

和　倉（わくら）　五九・五キロ　▼和倉温泉　二キロ、自動車一六銭。

倶利加羅（くりから）　寿永二年、源義仲が火牛の奇計で平氏の大軍を破った倶利加羅峠は駅の近くにある。

石　動（いするぎ）　加越鉄道接続点。

▼**加越鉄道**　石動、青島間一九・五キロ。

福　岡（ふくおか）▼西明寺鉱泉　四キロ、最明寺入道北条時頼が諸国行脚の折、来遊したと伝えられる。

高岡（たかおか） 二二七・五キロ 中越、氷見両線の分岐点。米原から約七時間、北陸屈指の都会、人口五万一〇〇〇を有し近くに伏木港をひかえ商工業が盛んである。漆器、銅器、銑鉄器、綿糸、友禅を産する。

市内で見るべきは桜の馬場から旧城址、高岡公園、曹洞宗の巨刹瑞竜寺の古建築、大杉大明神として祀られる稀有の古木などである。

七尾駅 大正期。

中越線（現城端線）福光駅 写真は中越鉄道当時、明治三〇年のものである。

中越線

高岡から南へ城端まで行っている。

油田（あぶらでん） ▼千光寺（真宗）東四キロ、桓武天皇以来の勅願所であるという。

出町（でまち） 麻織物の産地として七百余の歴史をもち、今ではかや、洋服芯地などを産する。

〔福光〕（ふくみつ）

城端（じょうはな） ▼善徳寺 真宗大谷派の別格別院。

富山駅　大正初期。

富山駅構内　大正2年。

富山駅構内　昭和7年。

富　山（とやま）　二四六・三㌔　飛越線分岐点、富山鉄道、富山県営鉄道、富岩鉄道、越中鉄道接続点。

　米原から約七時間半、もと前田氏支藩の地、越中平野の中央にあり、人口八万五〇〇〇。この市の売薬はその名四方に聞こえてどんな田舎に行っても、反魂丹などの名を知らぬものなく、年産額一二〇〇万円にのぼり、その他絹織物、漆器、清涼すだれなどがあり、なお有数の米の集散地である。

　市内で見物すべきものは富山城址、呉羽山公園、妙国寺などである。

▼**富山鉄道**　駅前から山国飛騨の関門である笹津まで一七・四㌔開通。

▼**富山県営鉄道**　南富山から岩峅（いわくら）寺で滑川から来る立山鉄道と接し、千垣まで一九・五㌔開通。

▼**富岩鉄道**　岩瀬港まで八・二㌔。

▼**越中鉄道**　連隊前から打出浜まで八・五㌔。

滑　川（なめりかわ）　立山鉄道接続点。

　当駅から魚津の海岸は世界に有名な螢イカの産地である。

名物　弁慶えび、イカ黒作り。

▼**立山鉄道**　滑川、立山間二〇・九㌔。

魚　津（うおづ）　滑川からこの駅付近の海上は蜃気楼が現れるので知られている。天気静穏にして風無く、気温急に上昇して蒸し熱い日、出現の時刻は多くは午後一、二時頃でその前後は少ない。

名物　魚津たい。

三日市（みっかいち）　黒部鉄道接続点。

黒部すいかの産地。

魚津駅開通記念写真　明治41年。

親不知駅　開業は大正元年。

黒部鉄道（現富山地方鉄道）宇奈月駅付近　昭和７年。

▼**黒部鉄道**　▼三日市、宇奈月間一五・六㌔。

生　地（いくじ）　▼生地鉱泉　二㌔、自動車がある。

入　善（にゅうぜん）　黒部すいかの本場。

泊（とまり）　▼小川温泉　東二㌔、自動車の便がある。親不知、子不知の天嶮は一〇㌔の近くにあって浴客一日の散策地である。

親不知（おやしらず）　市振から親不知に至る間、親不知の嶮がある。今鉄道はこの山の半腹をうがって通じ、往時の険難の場所も座して車窓から望見することが出来る。

糸魚川（いといがわ）　姫川の河口東辺にあり、もと松平氏一万石の城下であった。この方面からの日本北アルプスの白馬岳登山口である。

郷　津（ごうづ）　▼居多神社　東約三㌔、延喜式内の古社で上越地方第一の名祀である。

直江津（なおえつ）　三六六・五㌔　信越本線接続点。

北陸本線下り（米原・金沢間）

大正十三年十二月一日改正　同十四年四月一日訂補　米原・金澤間　特ニ示シタ[illegible]ノハ外二、三等車

線名	驛名	哩程		503	219	684	221	207	774	63		65	672	67	688	678 75	69		682
東海道本線				79						13		7	23	31	71 靜岡發 5.59	國府津發 8.55	21		77
	東京 發	0.0	…	10.30	…	…	…	…	…	7.20	…	8.30	10.10	11.00			4.45	…	8.25
	横濱 //	18.2	…	11.22	…	…	…	…	…	8.05	…	9.15	10.56	11.46			5.26	…	9.09
	名古屋 //	234.6	…	10.34	…	…	…	…	…	3.58	…	5.15	8.26	9.21	11.18	2.10	5.02	…	8.24
	米原 著	284.4	…	*1.04	…	…	…	…	…	*5.43	…	*7.01	*10.54	*11.53	*1.50	*4.40	*7.31	…	11.00
山陽本線及東海道本線												82		86			32		
	姫路 發	0.0	…	…	…	…	…	…	…	↓	…	…	5.15	6.54	…	…	1.27	糸崎發 8.10	4.30
	明石 //	22.1	…	…	…	…	…	…	…	↓	…	…	6.15	8.05	9.12	11.32	2.28		5.30
	神戸 //	34.1	…	9.50	…	…	…	…	…	↓	…	…	7.00	8.47	10.00	12.23	3.16		6.16
	大阪 //	54.4	…	10.45	…	9.15	…	…	…	↓	…	…	8.00	9.55	11.04	1.30	4.20		7.20
	京都 //	81.2	…	11.40	…	10.53	…	…	…	↓	…	5.20	8.54	11.10	12.20	2.45	5.35	…	9.00
	米原 著	123.2	…	1.05	…	12.35	…	…	…	↓	…	*7.20	10.54	*1.10	2.22	4.55	*7.36	…	11.01
北陸本線	米原 發	0.0	…	1.12	…	1.25	…	…	…	6.15	…	8.00	11.13	1.16	2.35	5.05	8.15	…	11.25
	長濱 //	4.6	…	レ	…	1.40	…	…	…	6.28	…	8.14	11.29	1.29	2.51	5.22	8.28	…	11.38
	虎姫 //	8.0	…	レ	…	レ	…	…	…	6.38	…	8.27	11.39	1.39	3.03	5.36	8.38	…	11.47
	高月 //	11.3	…	レ	…	2.09	…	…	…	6.49	…	8.38	11.49	1.48	3.14	5.50	8.48	…	11.56
	木ノ本 //	13.9	…	レ	…	レ	…	…	…	6.56	…	8.45	11.57	1.56	3.24	6.01	8.56	…	12.04
	中ノ郷 //	16.8	…	1.57	…	2.30	…	5.30	…	7.08	…	9.01	12.09	2.08	3.37	6.15	9.06	…	12.15
	柳ケ瀬 //	19.7	…	レ	…	2.45	…	5.49	…	7.19	…	9.14	12.20	2.20	3.50	6.29	9.17	…	12.26
	刀根 //	22.9	…	2.30	…	3.03	…	6.16	…	7.35	…	9.31	12.36	2.33	4.07	6.46	9.30	…	12.40
	疋田 //	26.2	…	レ	…	レ	…	6.32	…	7.46	…	9.42	12.46	2.43	4.18	6.58	9.40	…	12.49
	敦賀 著	30.3	…	2.46	…	3.21	…	6.45	…	7.55	…	9.51	12.55	2.52	4.27	7.07	9.48	…	12.58
	敦賀 發		…	2.52	…	3.27	4.30	…	…	8.05	…	9.57	1.02	2.58	4.33	7.14	9.54	…	1.04
	新保 //	34.5	…	レ	…	3.46	4.53	…	…	8.24	…	10.20	1.20	3.14	4.53	7.31	10.10	…	レ
	杉津 //	38.8	…	レ	…	4.07	5.23	…	…	8.47	…	10.44	1.38	3.32	5.12	7.48	10.28	…	1.41
	大桐 //	43.8	…	レ	…	レ	5.53	…	…	9.07	…	11.13	1.56	3.49	5.30	8.06	10.46	…	レ
	今庄 //	47.1	…	3.50	…	4.43	6.03	…	6.50	9.21	…	11.33	2.09	4.03	5.45	8.20	11.00	…	2.12
	鯖波 //	51.6	…	レ	…	4.56	…	…	7.02	9.32	…	11.45	2.20	4.14	5.53	8.31	11.11	…	2.25
	武生 //	57.1	…	4.09	…	5.11	…	…	7.17	9.44	…	12.05	2.33	4.26	6.12	8.43	11.24	…	2.39
	鯖江 //	60.3	…	4.17	…	5.21	…	…	7.27	9.52	…	12.14	2.41	4.34	6.21	8.51	11.32	…	2.48
	大土呂 //	65.2	…	レ	…	5.32	…	…	7.41	10.04	…	12.27	2.52	4.45	6.34	9.03	11.43	…	レ
	福井 著	68.8	…	4.34	…	5.40	…	…	7.51	10.12	…	12.37	3.00	4.53	6.44	9.11	11.51	…	3.10
	福井 發		…	4.37	…	5.45	…	…	7.56	10.18	…	12.43	3.05	4.57	6.49	9.17	…	…	3.16
	森田 //	72.5	…	レ	…	5.54	…	…	8.08	10.29	…	12.56	3.14	5.06	7.01	9.28	…	…	レ
	丸岡 //	76.2	…	レ	…	6.03	…	…	8.19	10.39	…	1.08	3.23	5.15	7.12	9.38	…	…	レ
	金津 //	80.0	…	5.01	…	6.12	…	…	8.31	10.49	…	1.22	3.32	5.24	7.23	9.51	…	…	3.49
	細呂木 //	82.2	…	レ	…	6.19	…	…	8.39	10.57	…	1.24	3.39	5.31	7.31	10.00	…	…	レ
	牛ノ谷 //	84.1	…	レ	…	6.27	…	…	8.45	11.08	…	1.37	3.47	5.39	7.40	10.08	…	…	レ
	大聖寺 //	87.7	…	5.21	…	6.36	…	…	8.59	11.18	…	1.45	3.56	5.47	7.51	10.18	…	…	4.14
	動橋 //	92.2	…	5.32	…	6.47	…	…	9.15	11.33	…	1.57	4.08	6.00	8.07	10.27	…	…	4.31
	粟津 //	95.3	…	5.41	…	6.55	…	…	9.25	11.43	…	2.05	4.16	6.08	8.17	10.35	…	…	4.42
	小松 //	98.8	…	5.50	6.09	7.03	…	…	9.35	11.53	…	2.13	4.24	6.16	8.27	10.43	…	…	4.53
	寺井 //	102.5	…	レ	6.24	7.12	…	…	9.46	12.02	…	2.23	4.33	6.25	8.38	10.57	…	…	5.04
	小舞子 //	104.4	…	レ	レ	レ	…	…	レ	レ	…	レ	レ	レ	レ	レ	…	…	レ
	美川 //	105.4	…	レ	6.37	7.20	…	…	9.55	12.11	…	2.31	4.41	6.33	8.49	11.08	…	…	5.13
	加賀笠間 //	107.9	羽越線經由青森著 5.30	レ	6.49	7.27	…	…	10.05	12.18	…	2.38	4.48	6.40	8.58	11.20	…	…	5.21
	松任 //	110.6		レ	7.02	7.35	…	…	10.17	12.27	…	2.47	4.55	6.47	9.09	11.28	…	…	5.32
	野々市 //	114.2		レ	7.16	7.44	…	…	10.21	12.35	…	2.57	5.04	6.55	9.20	11.36	…	…	5.41
	金澤 著	116.4		6.20	7.25	7.50	…	…	10.27	12.41	…	3.04	5.10	7.01	9.23	11.42	…	…	5.48
	金澤 發	116.4		6.34	…	7.53	…	上野著 5.10	10.32	12.48	糸魚川著 7.50	3.12	5.17	7.06	8.40	…	…	…	5.54
	津幡 著	123.6		6.50	…	8.16	…		10.49	1.08		3.35	5.37	7.23	10.01	…	…	…	6.11
	高岡 //	141.9		7.33	…	9.05	…		11.51	2.04		4.43	6.33	8.08	11.04	…	…	…	6.58
	富山 //	153.5		8.00	…	9.42	…		12.33	2.42		5.22	7.14	8.39	11.42	…	…	…	7.36
	直江津 //	228.3		11.28	…	1.58	…		4.48	7.15			10.55			…	…	…	

細字ハ午前　太字ハ午後　レ ハ通過　* ハ乗換　㊞ハ洗面所設置驛　弁 ハ辨當販賣驛　〒 ハ公衆電報取扱驛　ロ ハ赤帽所在驛　● ハ接續驛

☞線路ノ傍ニ記シアル括弧内ノ數字ハ參照時刻表所載頁ヲ示ス　驛名欄中括弧ヲ附シタル區間ニハ直通又ハ接續列車ノミヲ揭グ

普通急行料金を要する列車

神戸・富山間 ……………………第 503 列車

寢臺車連結列車と寢臺使用料金

二等並型 {上段 3.00 圓 / 下段 4.50 圓} ……………………

…………{神戸・青森間…………第 503 列車 / 大阪・直江津間…………第 684 列車}

急行料金ハ 221 頁參照

北陸本線および七尾線下り（金沢・富山と津幡・七尾港間）

大正十三年七月三十一日改正　同十四年四月一日訂補　金澤・富山及津幡・七尾港間　特ニ示シタルモノハ外二、三等車

線名	驛名	哩程	43	682	31	503	684	33	774	35	63	37	65	39	672	67	772	41	688
東海道及山陽本線				77		79					13		7		23	31			71
	東京 發	0.0	…	8.25	…	10.30	…	…	…	…	7.20	…	8.30	…	10.10	11.00	…	…	…
	横濱 //	18.2	…	9.09	…	11.22	…	…	…	…	8.05	…	9.15	…	10.56	11.46	…	…	…
	國府津 //	48.2	…	10.59	…	1.02	…	…	…	…	9.09	…	10.23	…	12.34	12.54	…	…	…
	沼津 //	85.6	…	1.21	…	3.31	…	…	…	…	11.11	…	12.23	…	2.38	2.55	…	…	…
	靜岡 //	119.2	…	2.57	…	5.07	…	…	…	…	12.15	…	1.28	…	3.48	4.11	…	…	5.50
	名古屋 //	234.6	…	8.24	…	10.34	…	…	…	…	3.58	…	5.15	…	8.26	9.21	…	…	11.18
	米原 著	284.4	…	11.00	…	*1.04	…	…	…	…	*5.43	…	*7.01	…	*10.54	11.53	*	…	*1.50
													82			86			
	姫路 發	0.0	…	4.30	…	…	…	…	…	…	↓	…	…	…	5.15	6.54	…	…	…
	明石 //	22.1	…	5.30	…	…	…	…	…	…	↓	…	…	…	6.15	8.05	…	…	9.12
	神戸 //	34.1	…	6.16	…	9.50	…	…	…	…	↓	…	…	…	7.00	8.47	…	…	10.00
	大阪 //	54.4	…	7.20	…	10.45	8.15	…	…	…	↓	…	…	…	8.00	9.55	…	…	11.04
	京都 //	81.2	…	9.00	…	11.40	10.53	…	…	…	↓	…	5.20	…	8.54	11.10	…	…	12.20
	米原 著	123.2	…	11.01	…	1.05	12.35	…	今庄發 6.50	…	↓	…	*7.20	…	10.54	*1.10	…	…	2.22
北陸本線	米原 發	0.0	…	11.25	…	1.12	1.25	…		…	6.15	…	8.00	…	11.13	1.16	…	…	2.35
	敦賀 //	30.3	…	1.04	…	2.52	3.27	…		…	8.05	…	9.58	…	1.02	2.58	…	…	4.33
	福井 //	68.8	…	3.16	…	4.37	5.45	…	7.56	…	10.18	…	12.43	…	3.05	4.57	…	…	6.49
	金澤 著	116.4	…	5.48	…	6.29	7.50	…	10.27	…	12.41	…	3.04	…	5.10	7.01	…	…	9.28
	金澤 發	116.4	…	5.54	6.05	6.34	7.58	8.40	10.32	10.55	12.48	1.40	3.12	4.50	5.17	7.06	7.30	7.45	9.40
	森本 //	119.8	…	6.03	6.14	レ	8.07	8.51	10.41	11.04	12.58	1.50	3.24	5.00	5.27	7.15	レ	7.58	9.51
	津幡 著	123.6	…	6.11	6.22	6.50	8.16	9.02	10.49	11.12	1.08	1.59	3.35	5.10	5.37	7.23	7.46	8.08	10.01
七尾線	津幡 發	0.0	…	↓	6.25	↓	↓	9.06	↓	11.14	↓	2.02	↓	5.14	↓	↓	↓	8.10	↓
	本津幡 //	1.8	…	↓	6.31	↓	↓	9.12	↓	11.20	↓	2.08	↓	5.20	↓	↓	↓	8.17	↓
	宇野氣 //	5.5	…	↓	6.41	↓	↓	9.23	↓	11.30	↓	2.19	↓	5.31	↓	↓	↓	8.23	↓
	横山 //	7.3	…	↓	6.47	↓	↓	9.30	↓	11.36	↓	2.26	↓	5.38	↓	↓	↓	8.36	↓
	高松 //	8.9	…	↓	6.54	↓	↓	9.36	↓	11.42	↓	2.32	↓	5.44	↓	↓	↓	8.43	↓
	寶達 //	13.0	5.41	↓	7.07	↓	↓	9.51	↓	11.55	↓	2.47	↓	5.59	↓	↓	↓	8.58	↓
	敷浪 //	15.0	5.52	↓	7.13	↓	↓	9.58	↓	12.01	↓	2.53	↓	6.05	↓	↓	↓	9.04	↓
	羽咋 //	18.5	6.13	↓	7.23	↓	↓	10.09	↓	12.12	↓	3.05	↓	6.16	↓	↓	↓	9.16	↓
	千路 //	21.0	6.23	↓	7.30	↓	↓	10.16	↓	12.19	↓	3.12	↓	6.23	↓	↓	↓	9.23	↓
	金丸 //	23.3	6.33	↓	7.37	↓	↓	10.23	↓	12.26	↓	3.15	↓	6.30	↓	↓	↓	9.30	↓
	能登部 //	25.5	6.43	↓	7.44	↓	↓	10.31	↓	12.33	↓	3.27	↓	6.38	↓	↓	↓	9.38	↓
	良川 //	27.3	6.52	↓	7.50	↓	↓	10.38	↓	12.39	↓	3.34	↓	6.45	↓	↓	↓	9.45	↓
	德田 //	30.4	7.05	↓	7.59	↓	↓	10.48	↓	12.48	↓	3.44	↓	6.55	↓	↓	↓	9.55	↓
	七尾 //	33.6	7.16	↓	8.05	↓	↓	10.57	↓	12.57	↓	3.53	↓	7.04	↓	↓	↓	10.05	↓
	七尾港 著	34.4		↓	8.11	↓	↓	11.00	↓	1.00	↓	3.56	↓	7.07	↓	↓	↓	10.08	↓
北陸本線	津幡 發	123.6	…	6.13	…	6.52	8.18	…	10.51	…	1.11	…	3.38	…	5.39	7.25	7.48	…	10.06
	倶利伽羅 //	127.5	…	6.23	…	レ	8.28	…	11.04	…	1.23	…	3.52	…	5.51	レ	レ	…	10.22
	石動 //	131.8	…	6.37	…	7.14	8.43	…	11.22	…	1.40	…	4.14	…	6.08	7.47	8.09	…	10.39
	福岡 //	136.4	…	6.47	…	レ	8.54	…	11.36	…	1.52	…	4.28	…	6.20	7.57	レ	…	10.51
	高岡 //	141.8	…	7.00	…	7.35	9.08	…	11.54	…	2.08	…	4.45	…	6.35	8.10	8.30	…	11.06
	越中大門 //	144.1	…	7.07	羽越線經由青森著 5.30	レ	9.15	…	12.02	…	2.14	…	4.54	…	6.44	8.16	レ	…	11.14
	小杉 //	146.4	…	7.19		レ	9.23	…	12.10	…	2.22	…	5.02	…	6.53	8.22	レ	…	11.22
	呉羽 //	150.5	…	7.28		レ	9.33	…	12.22	…	2.33	糸魚川著 7.50	5.13	…	7.05	8.31	レ	…	11.33
	富山 著	153.5	…	7.36		8.00	9.42	…	12.33	…	2.42		5.22	…	7.14	8.39	8.54	…	11.42
北陸北越及信越本線	富山 發	153.5	…	…		8.07	9.49	…	12.40	…	2.48		5.30	…	7.20	…	9.00	…	…
	直江津 著	228.3	…	…		11.28	1.58	…	4.48	…	7.15			…	10.55	…	11.45	…	…
	上野 //	409.1	…	…				…	5.10	…		…	…	…	…	…	9.15	…	…

細字ハ午前　太字ハ午後　レ ハ通過　* ハ乗換　㊞ハ洗面所設置驛　弁 ハ辨當販賣驛　〒 ハ公衆電報取扱驛　ロ ハ赤帽所在驛　● ハ接續驛

☞線路ノ傍ニ記シアル括弧内ノ數字ハ參照時刻表所載頁ヲ示ス　驛名欄中括弧ヲ附シタル區間ニハ直通又ハ接續列車ノミヲ揭グ

普通急行料金を要する列車

神戸・富山間 ……………………第 503 列車

金澤・上野間 ……………………第 772 列車

寢臺車連結列車と寢臺使用料金

二等並型 {上段 3.00 圓 / 下段 4.50 圓} ……………………

………{神戸・青森間…………第 503 列車 / 大阪・直江津間…………第 684 列車 / 金澤・上野間…………第 772 列車}

急行料金ハ 221 頁參照

日本交通公社刊、「時刻表復刻版・汽車時間表」より転載。

東北線

上野駅　初代駅舎。

上野駅　初代上野駅。明治末期、石川啄木が歌に詠んだのもこの駅舎である。

東北本線

本線は国有鉄道幹線の一部をなし、上野駅を起点として宇都宮、福島、仙台、盛岡などを経て、青森に至っている。その間青森湾頭において海に接する以外は、東北の山野を走るのみで風光の変化に乏しいようだが、峰々の起伏、平野の曠茫また見るべきものがないではない。特に白河以北は古えの陸奥の地、満目の風物自ら趣きを異にしている。列車は上野、青森間相互四本の直通列車の外、常磐線回り三本、奥羽線回り一本の直通列車があり、本線直通の内一本は急行で一七時間、常磐線急行も同じく一七時間、奥羽線回りは秋田まで急行、秋田から普通となり一九時間半を要する。別に上野から信越線、北陸線を経て東海道線米原に至るもの二本、金沢に至る急行が一本あり、新潟との間に信越経由のものが六本、内急行一本、磐越線経由のものが三本ある。上野金沢間は約一三時間、上野、新潟間は信越線と磐越線のいずれによるも約一二時間半を要する。

上　野（うえの）　東京市上野公園下にあり、東北地方への交通の門戸である。東京、上野、赤羽間は電車線で横浜桜木町との間に直通電車を運転している。

日暮里（にっぽり）　常磐線の分岐点で汽車はここから一時別路を走り、尾久を経て赤羽で本線に合する。

田　端（たばた）　三・五キロ　山手線分岐点。

上野駅駅舎内部　改築後の二代目駅舎。これが現在に至っている。

地下鉄上野駅　昭和二年一二月三〇日、日本初の地下鉄、東京地下鉄道（現営団地下鉄）の浅草―上野間が開業した。

上野駅高架ホーム　昭和四年頃。

池袋駅　日本鉄道時代。品川方向から写したもので、右が豊島線（現山手線）田端方面、左が品川線（現赤羽線、埼京線）赤羽方面。

山手線

東京市の西北東部を一周し、東京駅から品川、新宿、池袋、田端、上野を経て東京へと池袋、赤羽間とに電車を運転している。

池　袋（いけぶくろ）　赤羽行電車分岐点。武蔵野鉄道および東武鉄道東上線接続点。

▼武蔵野鉄道　池袋、吾野間五七・九キロ。沿線には所沢に飛行場があり、西所沢からは村山公園へ行く支線がある。

▼東武鉄道東上線　池袋、寄居間七四・キロ。この線は、川越を経て寄居で秩父鉄道に接続する。途中坂戸から八キロには岩殿山観音があり、紅葉の勝地として聞こえ、自動車がある。

目　白（めじろ）　▼雑司ケ谷鬼子母神　東北約八〇〇メートル。

高田馬場（たかだのばば）　西武鉄道接続点。堀部安兵衛の敵討ちで知られた所。

▼穴八幡　東一キロ　▼早稲田大学　同一・二キロ。

▼西武鉄道　村山―川越線　高田馬場、川越間四五・七キロ、および東村山、国分寺間七・九キロ。

新　宿（しんじゅく）　中央本線との交差点。京王電鉄および西武鉄道新宿線接続点。

▼京王電気鉄道　新宿、東八王子間三八・五キロ。

沿線調布の北二キロに天台宗の古刹深大寺、府中には大国魂神社があり、百草には百草園あり、武蔵野を見晴らす眺めがよい。

▼西武鉄道新宿線　ここから妙法寺を経て荻窪まで行っている。

原　宿（はらじゅく）　明治神宮参拝の下車駅。

渋　谷（しぶや）　玉川電鉄および東京横浜電鉄の接続点。

▼玉川電気鉄道　玉川を経て砧、溝ノ口へ、途中三軒茶屋から京王電鉄下高井戸へ支線を出している。他は天現寺橋、中目黒方面へ通ずる。

▼東京横浜電気鉄道　本横浜まで二四・九キロの間通じ、目黒蒲田電鉄と田園調布、丸子多摩川付近で交差する。

恵比寿（えびす）　▼大日本麦酒会社恵比寿ビール工場　駅付近。

目　黒（めぐろ）　目黒蒲田電鉄接続点。

▼目黒不動（天台宗）　西一キロ。

▼目黒蒲田電気鉄道　目黒、蒲田間一三・四キロ、大岡山、大井町（東海道本線）間四・七キロ。

五反田（ごたんだ）　池上電鉄接続点。

▼池上電気鉄道　五反田、蒲田間一一・一キロおよび雪ケ谷、新奥沢間一・四キロの本、支線からなる。

新宿駅　昭和七年。現在の東口。

渋谷駅　昭和初期。現在ハチ公銅像のあるあたり。

目黒駅　昭和初期。ホームは橋の下に見える。

武蔵野鉄道（現西武池袋線）飯能駅　大正四年。

東北本線荒川鉄橋　川口善光寺より望む。

川口町駅（現川口駅）　昭和６年頃。

大宮駅　明治18年の開業当時。

王　子（おうじ）　駅付近に砲兵工廠支廠、関東酸曹会社、王子製紙会社などがある。

赤　羽（あかばね）　山手線分岐点。▼浮間の桜草　西二キロ、川口町からも同様、荒川対岸の広野に咲く。

川口町（かわぐちまち）　鋳物の産地として知られている。

浦　和（うらわ）　調宮の境内には浦和公園がある。近年住宅地として著しく発展して来た。▼田島の桜草　西四キロ、荒川沿岸の田島原の広野に咲く、天然記念物に指定されている。

与　野（よの）　▼与野公園　西南四キロ　桜樹が多く、老木は享保年間大和の吉野から移植したものである。

大　宮（おおみや）　二六・七キロ　高崎線分岐点。西武鉄道大宮線接続点。大宮、川越間一二・九キロ、大宮には鉄道省大宮工場を初め片倉組大宮館、山丸、渡辺などの製糸工場がある。

蓮　田（はすだ）　武州鉄道接続点。蓮田、武州大門間一四・一キロ。

久　喜（くき）　四五・三キロ　東武鉄道接続点。

栗　橋（くりはし）　東武鉄道日光線接続点。▼静御前の墓　駅前、なお北三・三キロの光了寺にはその遺物を保存するという。

古　河（こが）　もと土井氏八万石の城下で、室町時代には古河公方足利成氏がいた。

小　山（おやま）　七七キロ　両毛線、水戸線分岐点。関ケ原の役に家康が上杉景勝を征伐するため東下した時、石田三成が事を挙げたのを聞いて旗をかえした地である。

小金井（こがねい）　▼下野国分寺址西四キロ半付近に琵琶塚古墳があり、共に史蹟に指定されている。

石　橋（いしばし）　▼薬師寺址　南四キロ余。古えは奈良東大寺、筑前観世音寺と共に海内屈指の霊場であったが、後世廃絶してわずかに安国寺、竜興寺があるのみで、寺址は史蹟として指定されている。薬師寺別当として左遷された道鏡の墓も竹林中にある。

架け替え工事中の東北本線利根川鉄橋

小山駅　上野方面より望む。昭和初期。

日光線日光駅　明治末年。

日光線

鹿沼（かぬま）麻の産出多く帝国製麻会社の工場がある。

今市（いまいち）下野電鉄接続点。

▼下野電気鉄道　今市から東北本線矢板まで三〇・六㌔。途中新高徳から分かれて新藤原まで九・二㌔。

日光（にっこう）四〇・五㌔　この線の終端駅で、東京浅草を起点とする東武鉄道日光線および中禅寺口まで九・七㌔を走る日光電気軌道の接続点である。神橋まで電車一〇銭、自動車二〇銭、中禅寺口まで電車三〇銭、自動車五〇銭、神橋から東照宮まで約六〇〇㍍、東照宮拝観料一円。

宇都宮（うつのみや）一〇五・九㌔　上野から普通約二時間五〇分、急行約二時間、もと戸田氏七万石の城下で古来奥羽に通ずる要路であった。人口七万六〇〇〇。米、麦、製麺、干瓢、石材、木片織を産し、米、麦、石材の取引きが盛んである。

▼大谷観音　西北九余㌔、自動車および軌道二五銭。宇都宮付近第一の名勝地で、丘陵の岩窟内に十体の仏像を彫ったもので、弘仁時代の作もあり史蹟に指定されている。

宝積寺（ほうしゃくじ）烏山線分岐点。鬼怒川の沿岸にあり、小児の家伝薬として古くから世に聞こえた宇津救命丸製造所は南四㌔。

矢板（やいた）**▼県社木幡神社**　南四㌔余、室町時代の建築で、本殿および楼門は国宝である。

西那須野（にしなすの）東野鉄道、塩原電軌の接続点。

▼東野鉄道　西那須野、那須小川間二四・五㌔。

黒磯（くろいそ）**▼那須温泉**　湯本、北、弁天、大丸、三斗小屋、高雄股、板室の那須七湯を指すもので、古来有名な温泉場である。近年八幡、旭、新那須、飯盛などの諸温泉も新しく開かれ那須十一湯と称するに至った。那須野の展望、春のつつじ、秋の紅葉、那須与一や殺生石に関する古蹟など人の心を引く。駅前から自動車は新那須を経て湯本まで一円三〇銭、別路板室へも行く、一円五〇銭。

白河（しらかわ）一八四・六㌔　白棚鉄道接続点、白河、磐城棚倉間二三・三㌔。白河は阿武隈川に臨み、古来馬市場として名高く、松平定信のかつて藩主であったところ。城址小峰城は町の北端にあり、戊辰の役には会津兵がここに依ったところである。人口二万。福島県南部の物資集散地で製糸、醸造などが盛んである。

名物　翁餅、南湖餅、南湖豆、紅葉羊羹。

▼白河関址　西約一〇㌔、奥羽三関の一で、阿武隈川の支流白川の谷頭にある。

須賀川（すかがわ）地方物資の集散地で、清酒、生糸の産がある。人口一万七〇〇〇。

笹川（ささかわ）水郡北線分岐点。

郡山（こおりやま）二二三㌔　磐越東線、磐越西線の分岐点。付近は養蚕業が盛んで、日本化学会社、東洋曹達会社、鉄道工場などもある。福島県下第一の商工業地で人口四万八〇〇〇。現在この地方の産米を安積米と称し中央市場においても認められている。
名物　安積豆、薄皮饅頭。

宇都宮駅　大正13年。

黒磯駅前　那須御用邸へ向う天皇を迎えるための塔が立てられている。昭和初期。

白河駅　明治後期、大正一〇年に現在地に移る以前の写真。

郡山駅　昭和一〇年。

会津若松駅　大正期。最初の停車場は建物の周りにベンチが付属していたといい、二代目の駅舎か。

磐越西線

この線は東北本線郡山から分岐し、磐梯山の麓猪苗代湖畔を走って会津若松に至り、それから阿賀野川に沿って新津に至り信越線、羽越線に接する線で、上野、新潟間には信越線の外にこの線を通って三本の直通列車があり、十二時間を要する。

郡山を後にして中山宿を経て上戸に至れば、初めて猪苗代の湖光に接し、関戸に至れば磐梯山が聳える。翁島を出てからは下りとなり、会津盆地が車窓の眺めに入る。

若松からは会津盆地を横ぎり、右に猫間ケ岳を仰いで進み、山都から初めて阿賀川に沿う。野沢を後にすれば風光すぐれ、上野尻からは再び峯々の間に入り、阿賀川の峡谷に沿って走る。徳沢を過ぎてさらに川を渡るところは岩越の国境で、豊実からは急傾斜の山腰に沿って、隧道を穿って日出谷(ひでや)に出る。線路は左折して三たび川を渡り、延長約二キロ、本線最長の平瀬隧道を過ぎ四たび川を渡って津川に出る。津川から白崎までの沿岸は特に峡谷美に富む。五たび川を渡って越後平野に入り五泉を経て、沿道に油田の櫓の林立するのを見つつ新津に達する。列車は郡山、新津間五時間ないし五時間半を要する。

郡　山（こおりやま）　東北本線および磐越東線の分岐点。

岩代熱海（いわしろあたみ）　▼熱海温泉　駅前　胃腸病、神経諸病、皮膚病などによい。

上　戸（じょうこ）　▼猪苗代湖舟遊　西八〇〇メートル、湖は周囲六八キロ、海抜約五一四メートルの高所にあり、磐梯の山影が湖面に映じて美しい。湖上一周に約四時間を要し、五十人乗和船一隻に発動機船を付し賃金二十五円。

川　桁（かわげた）　日本硫黄耶麻軌道（川桁、沼尻間一五キロ）接続点。本軌道の終点沼尻の東北六キロに日本硫黄会社の経営する沼尻硫黄山がある。年産額二二万円。

猪苗代（いなわしろ）　▼猪苗代城址　北約二キロ　自動車の便がある。猪苗代湖を望む景勝の地で、現在猪苗代公園または亀ケ城公園ともいわれる。

翁　島（おきなじま）　磐梯山を後に仰ぎ前に猪苗代の湖光があり、近年避暑地として知られてきた。磐梯登山の西口。

大　寺（おおでら）　▼東京電燈猪苗代第一発電所　東南一・七キロ。

広　田（ひろた）　▼空也上人の旧蹟　北二キロ。

会津若松（あいづわかまつ）　六五・三キロ
会津線分岐点。会津盆地にあり、四面山に囲まれ、古来要害の地と称せられ、保科正之、二十三万石の封をこの地に受けて以来明治維新に至った。また戊辰の役に大兵をこの一城の下に集めて苦戦、会津武士の気風尋常ならざるものを示した。人口四万七〇〇〇。会津塗、会津焼、薬用人参、絵蠟燭、鋸、煙管、綿織物、身不知柿(みしらずがき)などを産する。

喜多方（きたかた）　▼熱塩(あつしお)温泉　北一一キロ、自動車一円。リュウマチ、婦人病、胃腸病などによい。

山　都（やまと）　▼飯豊山　北三二キロ、福島、新潟、山形の三県に跨る群峰の総

会津線（現只見線）会津高田駅　昭和初期。

喜多方駅

山都駅

称で、飯豊山（二一〇五メートル）がその主峰をなしている。山容が豊かに飯を盛ったようなのでこの名があり、頂上に県社飯豊神社がある。夏季登山者が多く、山容男性的で谷が深く森林と渓谷とが美しい。山頂には高山植物が多く北に朝日連峰、西に日本海を望み景観雄大である。

上野尻（かみのじり）▼銚子ノ口　三・三キロ、阿賀川に迫って峡をなす所で、ここから下流数メートルの間は紅葉が美しい。

豊　実（とよみ）▼全海堂　北約一キロ、菱潟観音境内にあり、全海法師の即身仏を安置する。

津　川（つがわ）▼阿賀川舟遊　津川は阿賀川渓谷の中心で舟遊はここから次駅白崎駅までの間がよい。

白　崎（しろさき）▼御前ケ鼻　北約一キロ、阿賀川の急流が集まって深淵となる所で、風光清雅である。

五十島（いがしま）▼平等寺　北東約一キロ、余吾将軍平維茂の墓がある。

馬　下（まおろし）▼小山田桜　西南四・五キロ、菅名山にあり、越の小吉野の名がある。

五　泉（ごせん）　蒲原鉄道接続点。

新　津（にいつ）　一七六・三キロ　信越本線、羽越線分岐点。

会津線

西若松（にしわかまつ）　上三寄方面への分岐点。

上三寄（かみみより）▼芦ノ牧温泉　小谷温泉、南三キロ、大川の流を隔てて相対している。

会津本郷（あいづほんごう）　会津焼および碍子の産地、年産額約六五万円。

会津高田（あいづたかだ）▼龍興寺（天台宗）　南約五〇〇メートル、寺宝に紙本墨書の妙法蓮華経があり、国宝となっている。

新　鶴（にいつる）▼田子薬師堂　東北約一キロ、室町時代のもので須弥壇および厨子は国宝になっている。

会津坂下（あいづばんげ）▼勝常寺薬師堂（新義真言宗）　東四キロ、自動車の便がある。会津五薬師の一つ、室町時代の造営で、本尊薬師如来および脇士日光、月光の二菩薩、聖観音および四天王は本堂と共に皆国宝である。

塔　寺（とうでら）▼立木観音　東北一キロ余、堂宇は鎌倉時代の建築物で国宝になっている。

会津柳津（あいづやないづ）▼柳津虚空蔵　東南五〇〇メートル、円蔵寺と称し、会津地方屈指の大寺である。堂は只見川に臨み岩上に建てる舞台造りの大堂宇である。

本宮駅　昭和一一年三月、駅舎の全面改築が完成した際の記念撮影。

二本松駅　明治四四年、駅拡張工事の際の様子。

福島駅　明治三六年一月に竣工し、昭和三七年の改築まで「福島停車場」の名で親しまれた。

本　宮（もとみや）　▼蛇ノ鼻公園　西二キロ、桜およびぼたんの名所。

名物　生柿。

二本松（にほんまつ）　もと丹羽氏十万石の城下、戊辰の役の激戦地。

▼安達太良山　海抜一七〇〇メートルの火山で、温泉から頂上まで八キロ。登山は平易である。

名物　生柿。

松　川（まつかわ）　川俣線分岐点。同線は岩代川俣まで一二・二キロの間開通している。川俣は輸出羽二重の産地として古い歴史をもち、特にその薄絹は米国、英国、インドなどに輸出される。

金谷川（かなやがわ）　▼土湯温泉　西約一二キロ。吾妻火山の麓にあり、海抜四三五メートル、荒川の渓流に臨んでいる。婦人病、皮膚病、打撲傷などによい。

福　島（ふくしま）　二六九・二キロ　奥羽線分岐点、福島電鉄接続点。福島電鉄は東と西に分かれ、東は福島飯坂間、伊達梁川間、保原掛田間、西は福島飯坂温泉間に通じている。上野から普通七時間半、急行六時間、もと板倉氏三万八千石の城下で阿武隈川の左岸を占め人口四万五〇〇〇。生糸、絹織物、まゆ、真綿の取引きが盛んである。市の大体を見るには駅から北一キロ半の信夫山に登るのがよい。

瀬ノ上（せのうえ）　付近は桜桃の産地。

伊　達（だて）　福島電鉄接続点。同線は一方は飯坂、他は梁川、保原、掛田および福島へも通じている。駅付近からは精米用の白土が出る。

福島駅構内　明治30年代、駅拡張後の写真。

福島駅　明治40年４月に弁当屋が開設した私設待合所。和洋食を提供し評判となった。

白石駅　明治38年。上屋のない、創設時そのままの赤レンガのプラットホームで、出征兵士を送る日の丸が揺れる。

船岡駅　昭和四年、営業開始当時。

白　石（しろいし）　もと片倉氏の城下で、駅の西約一キロに城址がある。戊辰の役には奥羽二十余藩はここで盟約を結んだ。名物　うどん（年産額七〇万円）。

大河原（おおかわら）　仙南温泉軌道（大河原、遠刈田間二六・七キロ）接続点。

船　岡（ふなおか）　▼四保山　西六〇〇メートル、山腹平坦の地は柴田氏二〇〇年居城の跡で、原田甲斐の旧地である。

槻　木（つきのき）　▼富沢磨崖仏　北約三キロ、丘陵岩壁に阿弥陀如来の坐像を半肉彫りにしたものがある。

岩　沼（いわぬま）　三二〇・九キロ　常磐線分岐点。▼竹駒神社　東南約一キロ、奥羽における名社でもとは武隈大明神と称され、社殿壮麗である。毎年旧二月の初牛祭がにぎやかで、古来馬市を開く。

増　田（ますだ）　増東軌道接続点。

長　町（ながまち）　秋保電気軌道接続点。

仙　台（せんだい）　三四八・五キロ　仙山東線分岐点、宮城電鉄接続点。上野から普通一一時間、急行八時間。宮城電鉄は榴ケ岡、宮城野原、多賀城址、塩釜などを経て松島公園、新富山、富山を経て石巻まで開通している。五〇・五キロ。

　仙台市は伊達氏六十万石の城下で、東北第一の都会である。四周に鬱蒼たる樹林を控え森の都とも呼ばれる。

▼青葉城址　伊達政宗の築城で榴ケ岡の対岸にあり、今第二師団司令部がある。山上からは全市の大観が得られる。

名物　埋木細工、堤人形、鯛味噌、九重（菓子）、鮪、八橋織、仙台平、仙台平ははかま地として品位の高雅なのと地質の強いので好評。

岩　切（いわきり）　塩釜線分岐点。

▼多賀城址と多賀城碑　東三キロ余。

仙台駅　明治20年の開業から間もないころ。日本鉄道時代で、社章の動輪マークが見える。

塩釜線

塩釜（しおがま）　松島湾に面する仙台の門港で、三陸沿岸に対する海上交通の起点。出入の船舶多く商況活発である。特に鮮魚の市場として全国的に聞こえている。

▼国幣中社塩釜神社　西一キロ、一森山の老杉に囲まれ社殿壮麗、奥州一ノ宮、正一位塩釜大明神と号する。航海および安産の神として一般の信仰があつい。

松島（まつしま）　▼松島（塩釜駅参照）

塩釜線塩釜駅（後に貨物専用の塩釜港駅）
明治二〇年、日本鉄道時代に営業開始。

一ノ関駅　昭和13年、冬。大正２年４月に完成した２代目駅舎。

花巻駅前　昭和初期。

大船渡線真滝駅　昭和初期。

小牛田（こごた）　陸羽東線、石巻線分岐点。上野から普通約一一時間半、急行約九時間。

瀬　峯（せみね）　仙北鉄道接続点。本石米の主産地。

石　越（いしこし）　栗原軌道接続点。この地方で造るかやは耐久力に富むので好評を博している。

▼栗原鉄道　石越、岩ケ崎間一八・二キロ。

一ノ関（いちのせき）　四四一・四キロ　大船渡線分岐点。もと田村氏二万七千石の城下、昔の磐井で、陸中ののどに当たり歴史上有名な地である。

平　泉（ひらいずみ）　四四八・六キロ　上野から普通一三時間。一ノ関を後にすれば北上川を帯にして聳える束稲山の秀容は車窓にせまり。約八五〇年前の古城、平泉の近づいたことを知る。藤原清衡が治府をここに構えてから基衡、泰衡まで四代九九年の間、居館とした平泉館址。清衡、基衡の柳の御所址、秀衡、泰衡の伽羅の御所址は今平泉駅のある付近一帯の地であるという。

　中尊寺は慈覚大師の開基で、清衡が平泉に居を移すに当たり、壮麗な堂塔を建立し、一時は寺塔四十余、坊舎三百余におよんだが、今はただ金色堂および経蔵に昔の面影を残すのみである。

水　沢（みずさわ）　▼水沢公園　西南約一キロ、桜樹が多い。園の西半キロに世界四観測所の一つである緯度観測所がある。

金ケ崎（かねがさき）　▼古えの鎮守府址胆沢城址　東二キロ半。

黒沢尻（くろさわじり）　横黒線分岐点。

▼立花の桜　東八八〇メートル、北上川沿岸一帯の花の名所、国見山に登れば山河の眺観雄大である。

花　巻（はなまき）　花巻温泉電気鉄道、岩手軽便鉄道接続点。

▼**花巻温泉電気鉄道**　一方は花巻温泉まで七・四キロ、一方は志戸平、大沢、鉛、西鉛温泉まで一八キロ。

▼花巻温泉　電車二十五分、台温泉の湯を引いた新温泉郷　万寿山、堂ケ沢山、小桜山などを負い、台川に臨み、胃腸病、神経諸病によい。

▼**釜石鉱山線**　大橋、鈴子（釜石）間一六・一キロ。

大船渡線

〔真滝〕（またき）

岩手軽便鉄道（現釜石線）
遠野駅　大正中期。

遠野駅構内　大正四年。

▼岩手軽便鉄道　花巻から遠野を経て仙人峠まで六五・五キロ。約六キロの峠越えをすると大橋から釜石への鉄道（釜石鉱山会社線大橋、鈴子間一六キロ）があり、東海岸に出る路となっている。線路は多く猿ケ石川に沿う。
遠野（とおの）八戸氏の移り鎮めた所で、北上山脈の山間における一中心地。盛岡、花巻から三陸沿岸に出る交通の要衝に当たっている。▼早池峯山　北一六キロ。

石鳥谷（いしどりや）　▼早池峯山　山は岩手県第二の高峯で、岩手山の次である。頂上に早池峯神社があり瀬織津姫命を祀る。七、八月に登山者多く年々約五、六〇〇〇におよぶという。

日　詰（ひづめ）　▼斯波城址　東北二㌔、延暦年間に坂上田村麿の築いたものという。

矢　幅（やはば）　▼南昌山　西八㌔、夏季登山者が多い。山腹に南昌山神社がある。

盛　岡（もりおか）　五三五・三㌔　橋場線、山田線分岐点。上野から普通一七時間、急行一二時間半。市は北上川畔の平野にあり、もと南部と称し南部氏は十三万石の城下であった。人口五万八〇〇〇を有し、鉄器、木綿織を産し、特に南部鉄瓶の名高く、牛馬市が盛んである。▼盛岡城址　東約一㌔半、市の中央にあり、今は岩手公園となっている。

滝　沢（たきざわ）　駅付近一帯鈴蘭が多い。▼岩手山　山頂まで二二㌔、山は海抜二〇四一㍍、形状端麗なので南部富士、岩手富士などと呼ばれる。

好　摩（こうま）　花輪線分岐点。▼姫神山　東六㌔、海抜一一二五㍍、山姿秀麗、岩手山と合わせて夫婦岳といっている。山頂に姫神神社がある。

川　口（かわぐち）　▼巻堀神社　南二㌔余、昔は陽形崇拝で有名であったところ。

山田線宮古駅　昭和９年、山田線盛岡―宮古間開通当時。

山田線釜石駅　昭和14年、山田線盛岡―釜石間が全線開通し、喜びに湧く駅前風景。山田線は余りにもトンネルが多く、終点まで行くと顔がまっ黒になるとして、カラス列車と呼ばれた。

花輪線湯瀬駅　昭和６年、田山―陸中花輪が開業し、花輪線が全通した。

花輪線

将来陸中花輪に達する線である。

大　更（おおぶけ）　▼松尾鉱山　西北一六㌔、松尾村にある硫黄鉱山である。

田　山（たやま）　この線の終点から花輪町（秋田県）まで自動車があり、そこから秋田鉄道で毛馬内に行き、十和田湖遊覧の自動車に連絡する。

〔湯瀬〕（ゆぜ）

尻内駅（現八戸駅）　日本鉄道時代。

沼宮内（ぬまくない）▼仙波堤竪穴住居址　西約四キロ、約三〇箇所あり、よく正円形の旧態を残している。

奥中山（おくなかやま）　中山峠以北は古えの奥の細道で、車窓から見る付近の風色は東北線第一といわれ、特に紅葉の美をうたわれる。

一　戸（いちのへ）　▼末の松山、浪打峠　北五キロ、海抜三〇二メートル。頂上に砂岩があらわれて貝化石がある。古歌の名所である。

北福岡（きたふくおか）　▼八葉山天台寺　西一六キロ、自動車六〇銭。もとは天台宗の一大霊場であったが、今はすたれて観音堂と四、五の小堂を見るばかりである。本尊鉈彫聖観音は国宝である。

名物　桑茶。

三　戸（さんのへ）　十和田湖湖畔宇樽部まで四四キロ、自動車の便がある。

尻　内（しりうち）　八戸線分岐点。▼県社櫛引八幡宮　南三キロ余、慶安元年南部重直の造営、門前には流鏑馬（やぶさめ）の馬場がある。国宝の鎧（よろい）、兜（かぶと）がある。例祭は旧四月一五日と八月一五日、社前に市が立って、いろいろな玩具などを売る。八月一五と一六日には男女老幼夜を徹して踊る渡島子踊がある。

尻内駅の貨物掛　明治30年代。

古間木駅（現三沢駅） 明治三七年頃、出征兵士を送る風景。

新装なった古間木駅 昭和八年九月、白樺造りの新しい駅舎が完成した。落成当日の祝賀風景。

十和田鉄道（現十和田観光電鉄）三本木駅（現十和田市駅） 大正一一年九月、十和田鉄道開通当時。

古間木（ふるまき）　十和田鉄道接続点。▼十和田湖口　西五六キロ、奥羽線から入る裏口に対してここを表口という。三本木まで一四・八キロ、十和田鉄道（賃四六銭）の便がある。三本木は安政年間南部藩士新渡戸伝の経営した新開地の街。焼山から湖畔までは奥入瀬の渓流で、最も風景美に富んでいるから徒歩する方がよい。

（奥羽線大館駅参照）

沼　崎（ぬまざき）　▼郷社新館神社　東南八キロ。古例祭は九月一五日で流鏑馬がある。

野辺地（のへじ）　大湊線分岐点。▼馬門温泉　西六キロ、眼疾、創傷などによい。

小　湊（こみなと）　▼椿山　北一二キロ、夏泊半島の先端、満山椿をもっておおわれ、椿自生北限地で椿神社がある。

浅　虫（あさむし）　七二四キロ　▼浅虫温泉　駅前、三面山を負い、北は海に望んで山光水色の美があり、東北屈指の好温泉場である。

名物　久茲良餅。

青　森（あおもり）　七四〇キロ　奥羽本線および東北本線終点。北海道との交通の要路で鉄道省経営の連絡船があり、一日三本往復し約四時間を要する。現在は翔鳳丸、飛鸞丸、津軽丸、松前丸などが就航している。

市は、人口八万九九〇〇。貿易港の一つで昭和三年度貿易額輸入一〇五八万円、輸出一八万八〇〇〇円である。

▼雪中行軍遭難記念碑　東南八キロ、明治三五年一月二三日、歩兵第五連隊の将校下士兵、約二〇〇名が田代、茂木野を経て三本木に至る雪中行軍中、茂木野で大吹雪に会い、悲惨な死をとげたその記念碑である。

青森駅　青函連絡桟橋と連絡待合所。船は翔鳳丸。

建設中の青森駅　東北本線の最終点の建設は、候補地をめぐって現市役所付近案、旧浪打駅付近案、小湊案等が出、大いにもめたが、結局安方町に決まり、明治24年 9 月開業した。

東北本線下りおよび日光線（上野・白河と宇都宮・日光間）

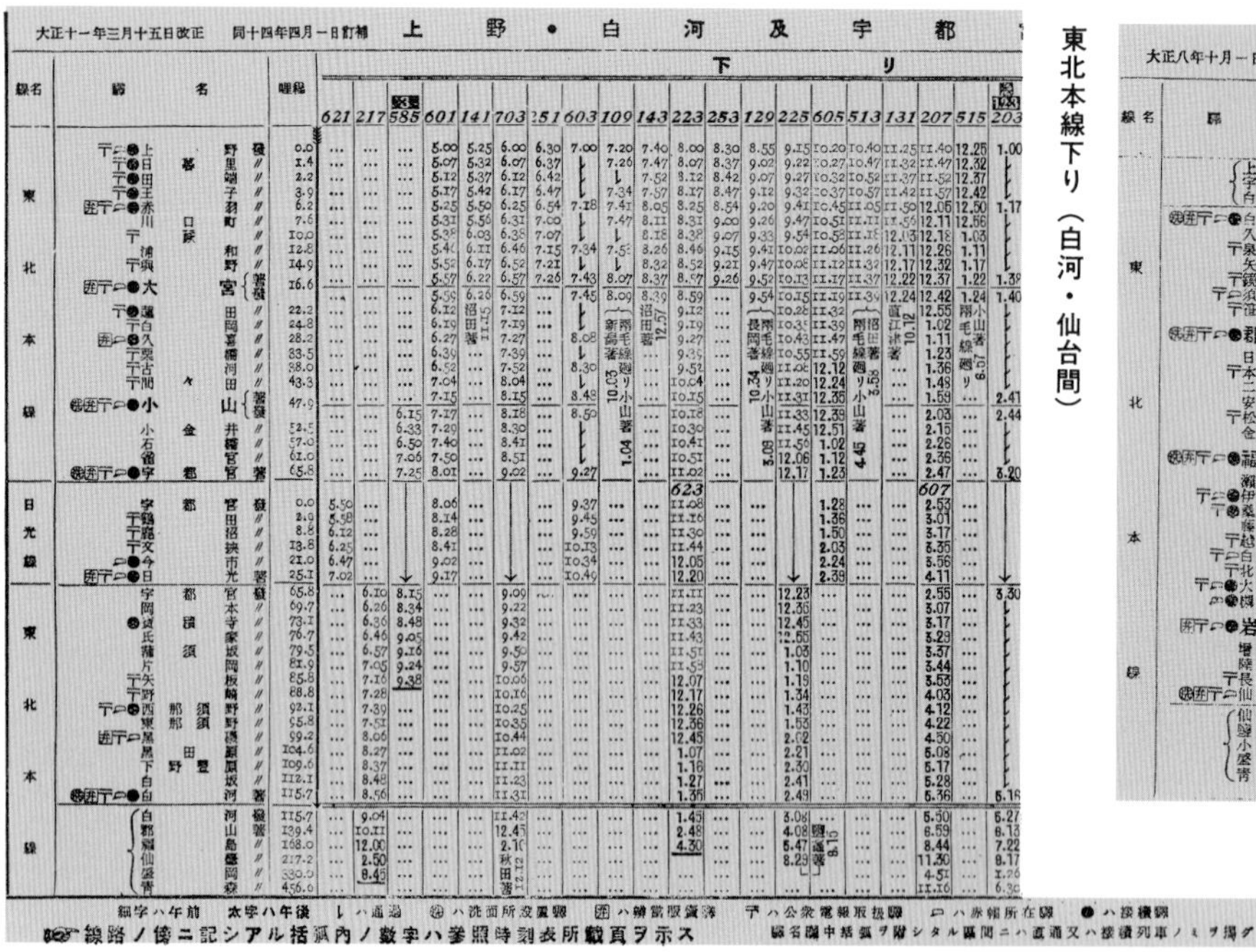

東北本線下り（白河・仙台間）

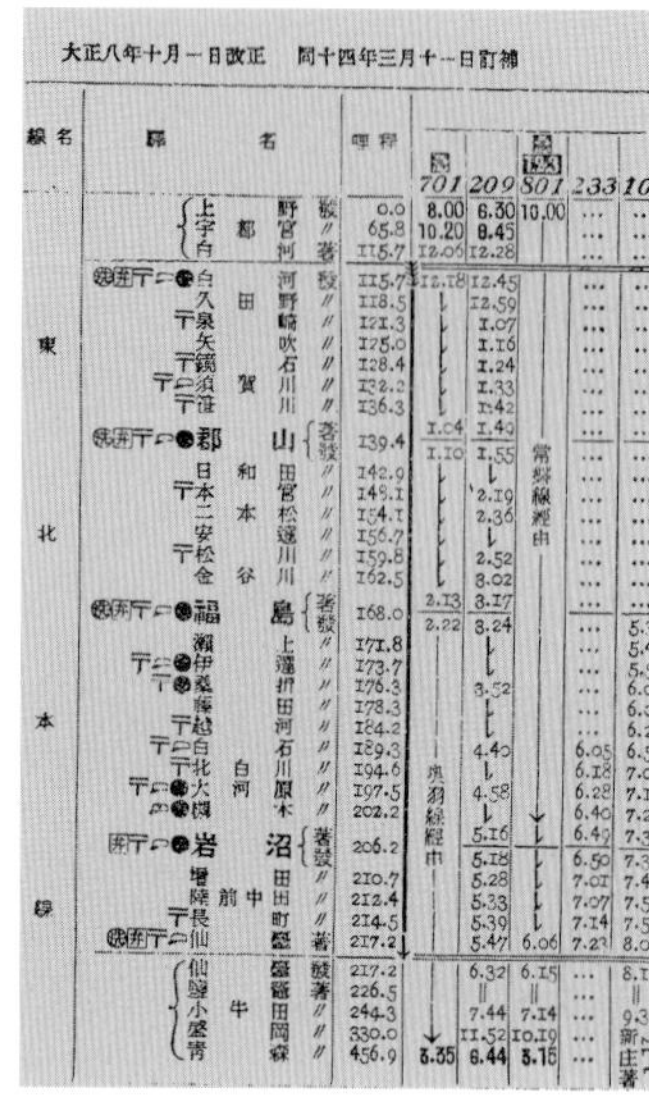

東北本線下り（仙台・盛岡間）

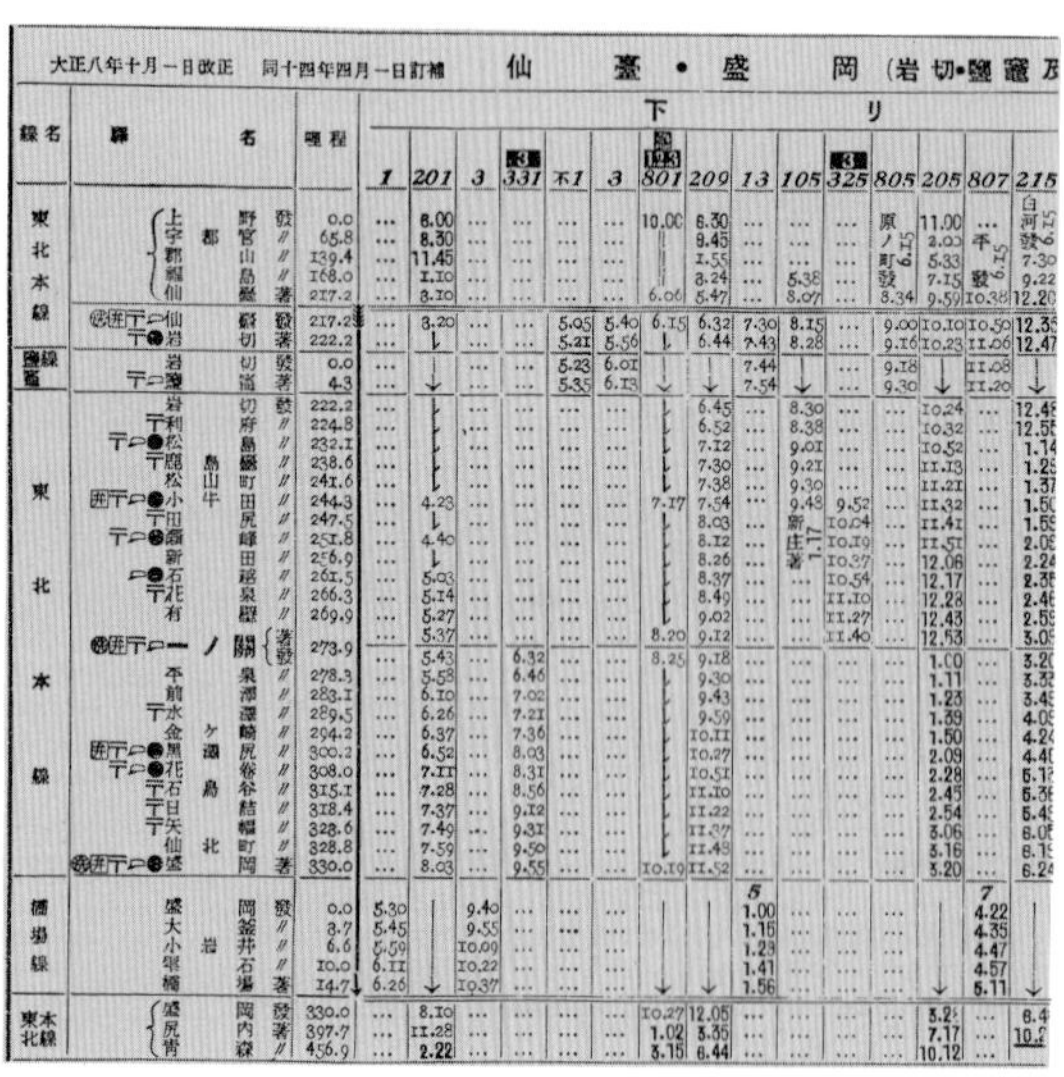

東北本線下り（盛岡・青森間）

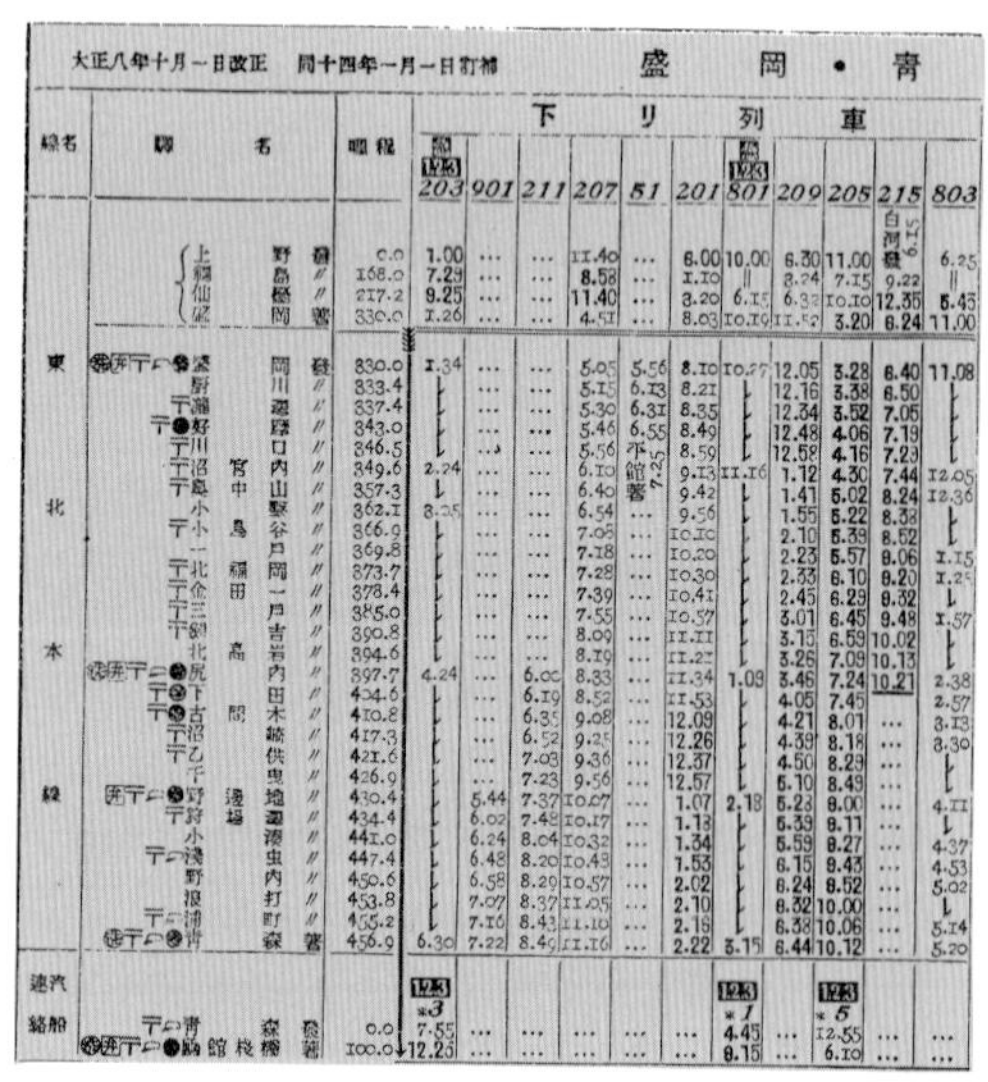

日本交通公社刊、「時刻表復刻版・汽車時間表」より転載。

北海道

幌内鉄道開通記念写真　明治13年、幌内―札幌間。

青函連絡船見送り風景

函館本線

本線は国有鉄道幹線の一部をなし、函館桟橋を起点として小樽、札幌、岩見沢を経て旭川に至り、旭川から樺太への渡港稚内港に至る宗谷本線とともに北海道の鉄道幹線である。函館から稚内港へ長輪線まわりの直通急行列車があり、約二三時間で達する。稚内港からはその直通列車と連絡する汽船の運航があり、東京から樺太の大泊まで五六時間で到達する。

根室本線は函館本線滝川から分岐して根室に至るもので、函館から釧路への直通列車があり、約二四時間で達する。

沿線の風光としては大沼公園があり、駒ケ岳、後方羊蹄（しりべし）（蝦夷富士）の展望があり、噴火湾、小樽湾の眺望がある。特に植物の景観本州と異なり、本州の到る所にある松杉も北海道に入っては見られないが、その代り白樺の白い幹など目新しい感じを起させるものがある。名所旧蹟といったものは少ないが、山海の風光は大陸的な面影があり、あたかも雄渾の気天地に充ちて、到る所進んで止まない新創の都市があり、旅客は想像以上の進展に驚くことが多いであろう。

青函連絡船翔鳳丸

連絡船から函館桟橋へ渡る

函館港—函館駅連絡桟橋

函館駅　大正期。

函　館（はこだて）　函館市は北海道出入の門戸で人口一七万六〇〇〇、本州青森との間に鉄道省直営の連絡船があり、毎日三回運航し、約四時間半を要する。

地は函館湾に臨み、港口は西南に開き、亀田の西南端、拳のように突出する函館山の山嘴から一条の市街をなして、砂浜に連続し、水深く山高く海湾は巴形をしている。開港場の一で昭和三年度貿易額輸入二一五七万七〇〇〇円、輸出一六五〇万円である。産物には水産物、製氷などがある。

名物　昆布製品、いか、塩辛、赤蕪千枚漬。

▼五稜郭から湯ノ川、根室温泉へ　五稜郭は駅の東北四キロ、電車の便があり、湯ノ川温泉への途中にある。幕末の頃洋式最新の設計により築城したもので維新の際榎本武揚、大鳥圭介が拠って最後の決戦をしたところ。今は公園となり、記念館がある。再び戻って電車に乗れば湯ノ川温泉は四キロばかりである。函館駅からは東約七キロ、電車一一銭自動車二〇銭。津軽海峡に臨んで風光佳く函館人士の遊楽地となっている。

五稜郭（ごりょうかく）　上磯線（五稜郭、上磯間八・八キロ）分岐点。▼五稜郭東南二キロ。▼トラピスト修道院男子部上磯から西一六キロ、自動車八〇銭。

本　郷（ほんごう）　熊ノ湯鉱泉　約五・五キロ、リュウマチ、湿疹などによい。

軍　川（いくさがわ）　▼吉野山スキー場　東約一キロ、函館方面のスキーヤーで賑う。

大　沼（おおぬま）　駅は大沼に臨んでいる。大沼は大小二個に分れ、周囲三二キロ、前に雄大な駒ケ岳の山容を仰ぐ。湖中には大小一二八の島があって夏季舟遊に適する。また駒ケ岳の裾野のあたりは特に紅葉がよい。両沼相連って瓢形をなし、その最も狭い所を「セバット」と称し、ここに鉄橋を架して汽車を通じている。湖上舟遊和船貸切四円から八円まで。ボート一時間四〇銭、島巡り一人二五銭。

名物　鮒のすずめ焼。

駒ケ岳（こまがたけ）　▼駒ノ湯温泉七七〇メートル。

大沼付近の函館本線

北海道鉄道(現函館本線)函館—小樽全通記念式当日の函館駅
明治37年。亀田に造られた駅。のち現在の函館駅が開業
してから亀田と改称、明治44年廃止。

森駅 大正期。

長輪線

静狩（しずかり） 静狩、礼文間は本道第一の礼文華隧道（約二七二六㍍）他七個の隧道を有し、その切れ間からの眺望がよく、礼文、小鉾岸間の海岸の岩礁は奇にして旅趣をそそる。本線は内浦湾に沿い対岸渡島半島の山々を望み眺望がよい。

虻田（あぶた） 洞爺湖電気鉄道接点。

有珠（うす） ▼有珠岳 洞爺湖の南にある複式活火山で海抜六一一㍍、常に噴煙を上げている。山嶺は東西に分れ西にある山を小有珠岳、東を大有珠岳という。嶺に河礫層のあることは火山生成の際、河床を押上げた珍現象である。

▼南部陣屋跡 黄金蘂と本輪西とにある、安政二年（一八五五）南部藩が陣屋を置いた所で、鬱蒼とした松杉や、濠などが残っている。

長輪線（現室蘭本線）伊達紋別駅 大正一四年開設当時。

森（もり） 渡島海岸軌道線（森、砂原間九・三キロ）接続点。付近は漁業が盛んである。

石倉（いしくら） ▼濁川温泉 東南

黒松内駅 構内の機関庫。

寿都鉄道（廃止）寿都駅

八キロ、馬車の便がある。皮膚病、リュウマチによい。

長万部（おしゃまんべ） 長輪線分岐点。

黒松内（くろまつない） 寿都鉄道（黒松内、寿都間一六・一キロ）接続点。弁慶岬は寿都港の西端にあり、義経がモンゴルに渡った所と伝える。

昆　布（こんぶ） ▼昆布温泉　約五キロ、馬車、自動車（六五銭）の便がある。付近に青山、紅葉谷、宮川、成田、黒沢、湯本の諸温泉がある。共に神経系統病、脚気、胃腸病、呼吸器病などによい。付近のニセコアンヌプリ、チセヌプリなどスキー場として聞こえている。

狩　太（かりぶと） 大豆（年産額一六万円）、じゃがいも（年産額七二万五〇〇〇円）の特産地。

倶知安（くっちゃん） 京極線分岐点。尻別川の畔にあり、付近に地味肥沃な農耕地一〇〇万アール余を有する所で、人口一万三〇〇〇余。

▼後方羊蹄山（しりべし）　海抜一八九三メートル、標式的円錐形をなしているので蝦夷富士の名がある。孤立した高山であるから頂上に立って見渡せば、四方の群峰、洞爺湖の絶景、また太平洋、日本海までも見える。

銀　山（ぎんざん） ▼轟鉱山　二〇キロ、年産額金銀鉱八五〇〇トン、

余　市（よいち） 付近農村の中心地、また積丹半島交通の要衝である。りんごの産地で年産額七〇万円。また近海は以前鰊漁場で有名だった所。余市鰊の名で知られている。年産額一一四万円。

蘭　島（らんしま） ▼海水浴場　約三三〇メートル、付近に忍路（おしょろ）湾兜岩の奇勝がある。

小樽駅

南小樽駅

小樽築港駅

小樽築港駅を発車する列車

小　樽（おたる）　二五二・五キロ　小樽港は本道西部の玄関口で北西南の三方に山稜を負い、市街は弓状をなして海岸に沿って西北から東南に延び、西南に高まって丘腹に続いている。本道開発に伴い港湾の修築もほぼ成り、陸に石狩、天塩の大平原をひかえ、海に本土の諸港との交通繁く、商工業殷盛を極め、今や人口一五万六〇〇〇を有し西海岸唯一の要港として知られ、昭和三年度の輸移出五八二万トン、五億五〇〇〇万円。

〔**南小樽**〕（みなみおたる）

〔**小樽築港**〕（おたるちくこう）

手宮線手宮駅構内（廃止）　高架桟橋は石炭積出用である。現在博物館がある。

札幌駅　幌内鉄道が札幌まで開通したのは明治13年。写真は函館本線になってからのもの。

雪の札幌駅構内

札幌駅前風景　市電がすでに走っている。

銭　函（ぜにばこ）　▼海水浴場　約八七〇メートル、札幌、小樽方面からの観光客が多い。
名物　甘酒まんじゅう。

軽　川（がるがわ）　広漠とした石狩平野を控えて畜牛が盛ん。牛乳年産額二三万三〇〇〇円。
▼手稲山　東南二キロ、海抜九八四メートル、本道有数のスキー地でわが国最初の立派なスキー小屋があり、手稲パラディースヒュッテと称する。収容人員四〇名、奥手稲山、朝里岳、余市岳などのスキーコースと連絡して小屋の設備がよい。

琴　似（ことに）　▼北海道農事試験場および同工業試験場　約五四五メートル。▼三角山スキー場　駅から約二キロ。

札　幌（さっぽろ）　二八六・三キロ　石狩平野の西部に位置し、西南藻岩、手稲の連山を負う豊平川は市の東南を流れ、対岸には豊平町がある。北海道庁、鉄道局、逓信局、税務監督局、帝国大学、控訴院、放送局などを初め全国主要官庁を網羅し、全道交通の中心点で行政上の首府である。人口一五万七〇〇〇を有し、付近に農耕地を控えるので、りんご、玉葱、麻布、桜桃などを産する。大日本麦酒株式会社、帝国製麻株式会社を始め多くの工場があり、殊に「サッポロビール」の名高く、年産額五〇六万円余に達する。
名物　札幌漬、キャンデー、飴類、アイヌ細工、富利豆。

白　石（しろいし）　定山渓鉄道接続点。

野　幌（のっぽろ）　駅から南二・二キロに道庁の経営する三五万アールの原生林および林業試験場がある。人工林、天然林、更新利用など各種の試験を実施しつつある。

札幌駅構内の売子　大正中期。

幌内鉄道創業時の列車　手宮—札幌間を走る弁慶号。橋は木製である。

蝦夷松などの大密林は天然記念物に指定されている。

江　別（えべつ）　石狩、千歳両河の合流する地点で、水陸交通の便が多い。石狩川汽船の起点である。

岩見沢（いわみざわ）　室蘭線および幌内分岐点。石狩平野の中央に位置し、本道の要衝。かつ付近各炭田運輸交通の中心で、いわゆる空知炭田の中心市場である。なお付近は燕麦の栽培に適し年産額六九万円。室蘭線はここを起点として南行し、東輪西駅から函館本線長万部駅に通ずる長輪線を経て環状線をなしている。

〔峰延〕（みねのぶ）

江別駅　明治15年開業。北海道でも古い駅のひとつである。

雪の岩見沢駅構内

岩見沢駅構内　昭和初期。

岩見沢駅構内の機関車

峰延駅　昭和３年。

岩見沢駅と待合所　右に見えるのが私設の荒木待合所。大正初期。

美唄駅　昭和三年。

美　唄（びばい）　美唄鉄道接続点。美唄、常磐台間一〇・六キロ、同線の沿線には炭田が多い。一帯の石炭年産額七六四万円。

奈井江（ないえ）▼森永煉乳会社空知工場　ミルク、ドライミルク、バター、キャラメルなどの乳製品を生産し年産額二三〇万円。

砂　川（すながわ）　歌志内線分岐点。沿線には炭田が多い。この線は一方は上砂川へ、もう一方は歌志内に通じている。

歌志内線神威駅　明治二九年に開業。

歌志内線歌志内駅　明治二四年開業。開業当時からしばらくは神威と歌志内の二駅であった。

歌志内線

上砂川（かみすながわ）▼三井砂川鉱業所　五四五ﾒｰﾄﾙ。石炭年産額六四万八〇ﾄﾝ。

神威（かむい）▼炭鉱汽船株式会社神威鉱　二二〇ﾒｰﾄﾙ、年産額二〇万五三三三ﾄﾝその他住友、三井炭鉱がある。

歌志内（うたしない）▼炭鉱汽船株式会社　一・四ｷﾛ、年産額一九万六八七四ﾄﾝ。その他住友炭鉱等。

留萌線

留　萌（るもい）　西海岸の要港で、留萌川の川口にある。鰊〆粕の年産額約三五万六〇〇〇円、品質よく明治初年以来の特産物となっている。

増　毛（ましけ）　宝暦年間（一七五一～六三）から鰊(にしん)漁が発達しており、その年産額約一四〇万円に達する。

留萌線留萌駅　明治43年、開通直後の一号列車。

留萌線増毛駅　留萌に10年あまり遅れ、大正10年に開業した。

深川駅　建設中の機関庫が左に見える。

旭川駅　軍人の送迎風景。大正期。

旭川駅構内

旭川駅プラットフォーム　明治末〜大正期。駅前通りを望む

滝川（たきかわ）　三六九・八キロ。根室本線分岐点。牛乳の生産、年額九九万二一四五リットルに及ぶ。

深川（ふかがわ）　留萌線および雨龍線分岐点。

旭川（あさひかわ）　四二五・一キロ　宗谷線および富良野線分岐点。上川平野の中心に位置し、石狩川の南岸にある。市は全道の中心に当り、第七師団司令部の所在地である。今人口七万八〇〇〇を有し、酒、アルコール、醤油、味噌、下駄木、鉛筆などを産する。市の付近はいわゆる上川平野の米産地で年間約一〇〇万石に上る。

新旭川駅　大正11年開業から間もない頃。

宗谷本線

本線は旭川を起点として北上し、名寄、音威子府、幌延を経て稚内港に至っている。函館本線と共に鉄道幹線の一部をなして、函館から稚内への直通急行は函館から約二三時間、旭川から約九時間を要する。

支線には新旭川から上川に至る石北西線、音威子府から浜頓別を経て海岸に沿って稚内に至る北見線があり、名寄からは名寄線が分かれて野付牛、網走へ接続している。

新旭川（しんあさひかわ）　石北西線分岐点。

和　寒（わっさむ）　除虫菊の年産額約二三万一〇〇〇円に達し、神戸、和歌山方面へ移出する。

〔剣淵〕（けんぶち）

士　別（しべつ）　士別軌道（士別、奥士別間二二キロ）接続点。澱粉、てんさい、除虫菊を生産する。

名　寄（なよろ）　七五・九キロ　名寄線分岐点。付近は耕地が多い。名寄はアイヌ語のナイオロコタンで谷にある村の意である。焼酎、亜麻製糸を産する。名寄線はここから中湧別まで一二一・九キロの間をいう。途中渚滑（しょこつ）駅から北見滝ノ上まで三四・四キロの間に渚滑線が通じている。

〔紋穂内〕（もんぽない）

音威子府（おといねっぷ）　一二九・二キロ　北見線分岐点。

剣淵駅　開業は明治33年。

士別駅構内　右の写真の左方向から見たもの。大正５年頃。

士別駅　剣淵駅と同時に開業した。

名寄—音威子府間の宗谷本線　紋穂内付近の天塩川。

筬島（おさしま）　ここから誉平駅へ到る沿線には鬱蒼とした原始林が眼を引く。

幌延（ほろのべ）　▼天塩町　町は日本海に臨み天塩川口にあり、人口約八〇〇〇。漁業地として知られている。

豊富（とよとみ）　豊富、徳満付近はじゃがいもを産する。

稚内（わっかない）　北海道の最北端、ノシャップ岬と宗谷岬とで抱かれる宗谷湾の西南に位置し、後に急峻な一帯の丘陵を負い、前は宗谷湾を隔てて宗谷岬と相対し、北は遥かに樺太の山影が望まれる。樺太との交通要路で大泊との間に鉄道省経営の連絡船があり、四月から一一月までは毎日、一二月中は偶数日、一月から三月までは指定の日に運航し、夏季は八時間、冬期は九時間を要する。

名寄本線

本線は宗谷本線名寄駅から分岐して東上し、興部（おこっぺ）に至って初めて海に接し、それから常に海岸に沿って南東に進み、渚滑からは西に向って渚滑線が分かれ、本線は中湧別に至って湧別線に接続している。名寄から中湧別まで約五時間、渚滑から北見滝ノ上まで一時間半を要する。

名　寄（なよろ）　宗谷本線参照。

興　部（おこっぺ）　北見沿岸雄武、幌内、礼文、枝幸（えさし）などに通ずる要衝地で物資の集散が多い。帆立貝柱の特産あり。

沙　留（さるる）　付近の沿岸は天然の良海水浴場である。また帆立貝の漁獲多く、それから採取する貝柱の産額は一年約一〇万円に達している。

渚　滑（しょこつ）　渚滑線分岐点。

興部駅

名寄本線渚滑川鉄橋

渚滑駅　大正９年改築の２代目駅舎が現在に至っている。

北見線（現天北線）上音威子府駅 昭和初期。

北見線鬼志別駅 大正中〜末期か。

北見線

上音威子府（かみおといねっぷ） ▼北海道帝大演習林がある。

敏音知（ぴんねしり） ▼ピンネシリ山 山麓まで約二キロ、海抜約三六〇メートル、登山季節は五月から一〇月まで。付近一帯は森林豊富で製材が盛んである。

浜頓別（はまとんべつ） 駅を後にすると左に屈斜路湖が見える。周囲約四〇キロ、原始林に包まれた静寂な地で、ピンネシリ山が仰がれる。三、四月頃には鴨や白鳥が飛来する。

名物 蜆（しじみ）、かれい、鮭。

〔鬼志別〕（きしべつ）

声問（こえとい） ▼海水浴場 約五〇〇メートル、遠浅の砂浜で、北部唯一の海水浴場である。

特産 ヨード、鮭。

夕張線

この線は夕張炭山の運炭線であるが、川端駅から幾度か夕張川に沿い景色の賞すべき所も多い。紅葉山から夕張に至る沼ノ沢、清水沢、鹿ノ谷（夕張鉄道会社の分岐点）の各駅付近には多くの炭鉱がある。夕張駅はこの線の終点で夕張炭山の所在地。炭山は本道第一の大炭坑で九州の三池と並び称され、年産額一二〇万トン。

夕張線（現石勝線）夕張駅　夕張線は明治25年、追分―紅葉山（現新夕張）―夕張間に北海道炭礦鉄道の支線として開業、明治39年国鉄に編入された。現在の夕張駅はここよりやや追分方面に移った。

室蘭本線

本線は岩見沢を起点として南行し、志文で万字線、追分で夕張線を、苫小牧で日高線が分かれ、そこからは太平洋岸に沿って室蘭に至る。この間約四時間を要する。

志　文（しぶん）　万字線分岐点。万字炭山駅付近には万字炭鉱があり、年産額二万七五〇〇トン。

清真布（きよまっぷ）　駅附近は石狩原野の東部に位置し、燕麦の産があり、年産額二〇万三九〇〇円。

栗　山（くりやま）　北海道産米中最も品質優良の称ある角田米を産し、年産額約一〇〇万円。

由　仁（ゆに）　米を産し、年産額一三六万四〇〇〇円。

追　分（おいわけ）　夕張線分岐点。

早　来（はやきた）　早来軌道（振老まで八キロ）接続点。

沼ノ端（ぬまのはた）　北海道鉄道接続点。

苫小牧（とまこまい）　日高線分岐点。

沼ノ端駅　明治30年、北海道炭礦鉄道の駅として開業。

苫小牧駅　大正5年。明治44年7月に完成した2代目駅舎。

室蘭駅　明治四五年に完成し、今なお同じ姿をとどめている三代目駅舎。明治二五年の開業時には後に東室蘭駅となった地点にあった。その後臨港地帯の埋立に伴い二度移転している。

室蘭駅の機関庫と貯炭場

この線の途中佐瑠太（さるふと）から平取まで沙流軌道があり、平取にはアイヌの古祠平取神社がある。なお終点静内からは自動車で新冠の御料牧場および浦内の陸軍種馬牧場へ行ける。苫小牧は王子製紙会社が工場をここに設けたため急速に発達した市街である。洋紙年産額二九万七〇〇〇円。ここから支笏湖へは夏季は社の専用鉄道の便がある。

錦多峯（にしたっぷ）　付近は鈴蘭が多い。▼樽前山　山頂まで一九キロ、支笏湖の南縁にある扁平な複式火山で近年噴火した。南麓の裾野は海岸に延び、旅行者に忘られぬ印象を与える。

白　老（しらおい）　▼アイヌ部落　南約一キロ、現在戸数八十余、人口三六〇。

登　別（のぼりべつ）　一一四・六キロ　登別温泉軌道接続点。

▼登別温泉　西北八キロ、登別温泉軌道の便あり、電車片道五〇銭、途中の紅葉谷が美しい。

幌　別（ほろべつ）　硫黄を産し、年産額一〇六万円に達する。

東輪西（ひがしわにし）　長輪線分岐点。同線はここから函館本線長万部に接続している。

御　崎（みさき）　鉄および鉄鋼製品を産し、年産額約三五〇万円に達する。

室　蘭（むろらん）　一三九・五キロ　鞆絵半島の腰部、内浦湾の東南岸にあり、東海岸の要港である。今人口は四万五〇〇〇。石炭、木材、鉄類、巻取洋紙、木炭、魚介などの集散が多い。東約三キロには日本製鋼所、北西四キロには東洋捕鯨会社がある。測量山は市の背後にあり、山海の眺望雄大である。

名物　鰊燻製、うに煎餅、いかの塩辛。

根室本線

本線は函館本線滝川駅から分岐し、空知川の渓谷に沿って下富良野に至り、ここで富良野線が分かれ落合に至れば海抜すでに四〇〇メートル、汽車はこれから上り勾配を進んで狩勝に至る。狩勝を後にすれば隧道を潜って、ここに狩勝峠の展望が開かれ、石狩、十勝の国境を縫って下る。展望は実に美しい。帯広で士幌線および広尾線が分かれ、池田で網走本線と会して東海岸に出、厚内からは景趣雄大な海岸を走って釧路に至り、東釧路で釧網線が岐れ厚岸を過ぎて根室に着く。函館、根室間には直通列車があり、約二九時間で達する。

滝　川（たきがわ）　函館本線参照。

幌　倉（ほろくら）　▼農林省種羊場　北約一キロ。

茂　尻（もしり）　付近に大倉炭鉱がある。

平　岸（ひらきし）　付近に豊田炭鉱がある。

下芦別（しもあしべつ）　付近に炭鉱が多く、三菱芦別炭鉱、久原辺渓炭鉱などがある。

奔茂尻（ぽんもしり）　▼空知滝　二キロ。前駅野花南（のかなん）との間は秋季紅葉が美しい。

島ノ下（しまのした）　▼島ノ下鉱泉　北一・三キロ。

下富良野（しもふらの）　四二七・四キロ　富良野線分岐点。▼鳥沼　東四キロ、紅葉の勝地。

金　山（かなやま）　▼空知川沿岸の紅葉　滝川から落合に至る間、汽車はほとんど常に川に沿って走り秋季は紅葉が美しく、この駅付近が特にその眺観に勝れ

狩勝峠の馬蹄形線路　石山より望む。(旧線)

ている。

落　合（おちあい）　空知川本支流の合流する所で海抜約四〇〇㍍、四辺には松が鬱蒼として翠色眼に迫る。▼狩勝平原日本八景の一つ。落合、新内(次駅)間はいわゆる狩勝の国境で雄大な展望をもつ。▼落合原生保存林　東六㌔。古来斧を入れないエゾ松、トド松の美林である。

狩勝国境　落合―新内間を走る重連。

新　得（しんとく）　北海道拓殖鉄道接続点。▼然別湖　湖は十勝国の西北隅、石狩十勝の国境に近く、海抜約八〇〇㍍、南北六㌔、東西約二㌔、周囲約一六㌔、水深二〇〇㍍に及び、北海道湖沼中最深のものである。水清く、いわな、ざりがに、たにし、山椒魚などが棲息している。

清　水（しみず）　河西鉄道接続点。河西鉄道は鹿追まで二七・四㌔を本線とし、別に北熊牛、南熊牛、上幌方面への支線がある。

（芽室）（めむろ）

帯　広（おびひろ）　五五四・六㌔　士幌線および広尾線分岐点。十勝鉄道接続点。河西支庁の所在地。人口二万二〇〇〇、地勢広潤、地味肥沃、農産物豊富で、十勝国物資の集散市場である。十勝鉄道は新帯広、西太平間、藤、土美生間、常磐、千代田間で延長五七㌔。

止　若（やむわっか）　▼新田ベニヤ製造所十勝工場　駅付近、ベニヤ板の製産年額洋式ドアー板二万七六〇〇平方㍍。

芽室駅

帯広駅　昭和四一年に改築されるまで使われた初代駅舎。

帯広駅構内　大正末期か。

帯広駅ホームの雑踏　大正八年。

池田駅

釧路駅　大正六年、釧路—根室間開通に伴い、従来の駅を貨物専用の浜釧路駅とし、新たに現在地に釧路駅を建設した。

池　田（いけだ）　五七六・九キロ　網走本線接続点。▼富士製紙株式会社池田パルプ工場　北二キロ、パルプの年産額二万八九〇〇トン。

豊　頃（とよころ）　▼二宮農場　南一二キロ、興復社という。二宮尊徳の令孫尊親氏の経営になる模範農場で、内務大臣から表彰されている。

白　糠（しらぬか）　▼軍馬補充部釧路支部　西二キロ。

大楽毛（おたのしげ）　駅付近で毎年八、一〇、一一月の三回牛馬の市があり北海道第一である。

新富士（しんふじ）　▼富士製紙会社釧路工場　主として新聞用紙・その他の洋紙類を合せて年産額五五〇万円。

釧　路（くしろ）　六八一キロ　釧網線分岐点（東釧路）。雄別炭鉱鉄道接続点。北海道東海岸における唯一の要港である。昭和三年度貿易額輸入一万六七六円、輸出三四七二万円に上る。市街は釧路湾に面し、釧路川を挟んでいる。海陸の交通を兼ねているので釧路、十勝、北見、根室の物資集散市場となり、今人口四万四〇〇〇を有し、目下工事中の築港（大部分完成）および釧路川治水工事の完成ならびに釧網線全通の暁には一躍大都市を形成すべく準備中である。

▼**雄別炭鉱鉄道**　釧路から雄別炭山に至る四四キロ、賃一円一〇銭、主として阿寒地方に豊富に埋蔵する石炭の採掘輸送を目的とし、線路は多く阿寒川に沿って溯り、途中平戸前、舌辛駅などがある。阿寒湖の遊覧にはその舌辛駅に下車して行くのがよい。

▼阿寒岳と阿寒湖　釧路駅から雄別鉄道により舌辛駅で下車し、ここから湖畔ま

釧路駅に降り立った移民団　明治四〇年代の弟子屈御料局移民。またこの頃駅弁の販売が始められたという。

根室駅

で約四三キロの間、乗合自動車賃一人三円、約二時間半を要する。雌阿寒岳頂上へは湖畔から一・三キロ、徒歩約四時間で、登山は極めて容易である。

厚　岸（あっけし）　東海岸釧路に次ぐ要港で、海産物が豊富である。この地は風光に富み、また牡蠣の産出で知られている。

名物　佃煮。

浜　中（はまなか）　▼東洋捕鯨会社事業場　駅から一二キロ。霧多布村にあり、年産約一〇〇頭を捕獲し価格一六万五〇〇〇円。なお付近一帯は風光がよい。

▼泥炭形成植物群落　駅から一〇キロ、自動車の便がある。

落　石（おちいし）　▼落石無線電信局　南六キロ　北米航路および千島、カムチャツカ航路通航船との通信連絡にあたる。付近一帯は高山植物に富んでいる。

根　室（ねむろ）　本線の終点で根室半島の北方に位置し、根室、千島二国の要港で、カムチャツカ遠洋漁業の根拠地である。海産物の輸出が多く昭和三年度の輸出額は八七四万円に上る。物資の集散市場で人口約一万七〇〇〇を有する。

野付牛駅（現北見駅） 大正初期。

網走本線

本線は根室本線池田駅から分岐して北上し、野付牛で湧別線が分かれ、網走に至る。池田、網走間約七時間半、野付牛、下湧別間約三時間を要する。湧別線の中湧別と宗谷線の名寄間には名寄線があり、湧別線とともに宗谷、網走両線の連絡線となっている。網走と釧路とを接続する釧網線の一部は網走から東海岸に沿って札鶴まで開通している。

池　田（いけだ）　釧路本線参照。

置　戸（おけと）　▼置戸国有林　北海道屈指の美林で松挽材年産額六五万円。車窓からその原始林を望むことができる。

野付牛（のっけうし）　一四〇キロ　湧別線分岐点。付近ははっかの栽培に適しはっか油が特産。

美　幌（びほろ）　相生線分岐点。▼屈斜路湖、川湯温泉　六四キロ、自動車三円五〇銭、約三時間。

網　走（あばしり）　一九三・八キロ　網走川の川口にあり、北海岸の要港である。付近一帯は我が国では雨の少ない土地として知られている。

名物　ミル製品、鮴の佃煮。

▼網走湖　西四キロ、周囲四六キロ、平丘が湖をめぐり、呼人半島が湖中に突出し、北方に三眺山がある。鮭、鱒、鮃などの魚が多く、風景また壮大である。

斜　里（しゃり）　知床半島への入口。海産物多し。

札　鶴（さっつる）　▼屈斜路湖　約一六キロ、自動車一円、約四〇分。

網走駅　左を流れるのは網走川。

網走湖付近

斜里駅　昭和四六年に改築されるまで使われた初代駅舎。

樺太の鉄道

樺太庁鉄道線　大泊から豊原を経て栄浜に到る九二・五キロを本線とし、小沼から川上炭山に至る二一・六キロの支線がある。西海岸線は本斗から真岡を経て野田まで九四キロ、別に豊原と真岡とを連接する豊真線がある。この区間八五・九キロ。

樺太鉄道　本線落合駅から一七〇・四キロ、知取まで通じている。

南樺太鉄道線　本線新場駅から留多加（るうたか）まで一八・五キロの間通じている。

豊原駅（現ユージノ・サハリンスク）　昭和4年頃。

大泊港駅（現コルサコフ）　昭和4年頃。

豊原駅ホームの物売り　ロシア人がパンなどを売っていた。昭和四年頃。

真岡（現ホルムスク）―豊原間のループ線
昭和四年頃。

函館本線下り（函館・倶知安間）

函館・倶知安（五稜郭・上磯及長萬部・静狩）間

大正十三年六月十一日改正　同年十一月十六日訂補

特ニ示シタルモノハ外二、三等車

線名	驛名		哩程	147	801	801	5	803	40	805	803	123寝3	13	807	47	809	147	811	123寝1	11
連絡汽船							123 5					123 3							123 1	
	青森	發	0.0	...	...	...	12.55	...	...	...	...	7.55	...	...	...	...	...	...	4.45	...
	函館棧橋	著	100.0	...	...	...	*6.10	...	...	...	...	12.25	...	...	...	...	...	...	*9.15	...
函館本線	函館棧橋	發		...	...	...	8.00	...	...	...	...	1.13	1.40	...	...	...	...	...	10.20	11.20
	函館	//	0.0	...	...	5.50	8.05	8.45	10.50	12.05	...	1.17	1.44	3.20	4.50	6.15	7.45	8.30	10.24	11.25
	五稜郭	著	2.1	...	...	5.58	8.12	8.53	10.58	12.13	...	レ	1.51	3.28	4.58	6.23	7.55	8.38	レ	11.32
上磯線	五稜郭	發	0.0	...	...	6.04	↓	9.00	↓	12.21	...	↓	↓	3.36	↓	6.30	↓	9.44	↓	↓
	久根別	//	4.1	...	...	6.19	↓	9.17	↓	12.37	...	↓	↓	3.52	↓	6.47	↓	10.00	↓	↓
	上磯	著	5.4	...	...	6.24	↓	9.22	↓	12.42	...	↓	↓	3.57	↓	6.52	↓	10.05	↓	↓
函館本線	五稜郭	發	2.1	...	...	...	8.13	...	10.59	...	...	レ	1.52	...	4.53	...	7.58	...	レ	11.33
	桔梗	//	5.2	...	...	...	8.23	...	11.17	...	...	レ	2.02	...	5.11	...	8.14	...	レ	11.43
	七飯	//	8.6	...	...	...	8.33	...	11.28	...	...	レ	2.12	...	5.22	...	8.32	...	レ	11.53
	本郷	//	11.3	...	...	...	8.41	...	11.37	...	...	1.46	2.20	...	5.31	...	8.44	...	レ	12.01
	軍川	//	16.8	...	...	...	9.05	...	12.03	...	...	レ	2.46	...	5.57	...	9.13	...	レ	12.25
	大沼	//	17.5	...	...	...	9.09	...	12.08	...	...	レ	2.50	...	6.02	...	9.20	...	レ	12.29
	赤井川	//	19.8	...	...	45	9.17	...	12.17	...	...	レ	2.58	...	6.11	...	9.32	...	レ	12.37
	駒ケ嶽	//	22.7	...	...		9.27	...	12.29	...	...	レ	3.16	...	6.23	...	9.47	...	レ	12.47
	森	//	30.8	...	...	6.20	9.57	...	1.03	...	...	2.49	3.45	...	7.05	...	10.25	...	11.54	1.17
	石倉	//	38.6	...	...	6.44	10.18	...	...	...	...	レ	4.06	...	7.29	...	...	...	レ	1.38
	落部	//	41.2	...	...	6.55	10.28	...	...	...	...	レ	4.16	...	7.40	...	...	...	レ	1.48
	野田追	//	44.5	...	...	7.09	10.40	...	...	...	...	レ	4.27	...	7.54	...	...	...	レ	2.00
	山越	//	47.3	...	...	7.19	10.49	...	...	...	...	レ	4.36	...	8.04	...	...	...	レ	2.09
	八雲	//	50.6	...	...	7.29	10.59	...	...	...	...	3.39	4.46	...	8.14	...	...	...	12.44	2.19
	山崎	//	55.0	...	...	7.43	11.12	...	...	...	...	レ	4.59	...	8.28	...	...	...	レ	2.39
	黒岩	//	58.8	...	...	7.55	11.23	...	...	...	...	レ	5.10	...	8.42	...	...	...	レ	2.50
	國縫	//	64.0	...	...	8.10	11.37	...	...	...	...	レ	5.23	...	8.57	...	...	...	レ	3.04
	中ノ澤	//	67.1	...	...	8.20	11.47	...	...	...	...	レ	5.33	...	9.07	...	...	...	レ	3.24
	長萬部	著	69.9	...	...	8.29	11.55	...	...	...	...	レ	5.41	...	9.16	...	...	...	レ	3.32
長輪線	長萬部	發	0.0	...	7.00	↓	↓	...	...	...	3.20	↓	↓	...	↓	...	...	...	↓	↓
	静狩	著	6.6	...	7.24	↓	↓	...	...	...	3.44	↓	↓	...	↓	...	...	...	↓	↓
函館本線	長萬部	發	69.9	...	...	8.30	11.56	...	...	...	...	レ	5.42	...	9.17	...	...	...	レ	3.33
	二股	//	75.2	...	...	8.48	12.12	...	...	...	...	レ	5.58	...	9.35	...	...	...	レ	3.48
	蕨岱	//	78.9	...	...	9.04	12.35	...	...	...	...	レ	6.13	...	9.51	...	...	...	レ	4.03
	黒松内	//	82.3	5.44	...	9.30	12.53	...	...	...	...	5.02	6.30	...	10.04	...	...	...	2.04	4.20
	熱郛	//	87.3	6.05	...	9.51	1.11	...	...	...	...	レ	6.48	...	...	...	...	...	2.24	4.38
	上目名	//	91.8	6.30	...	10.17	1.33	...	...	...	...	レ	7.10	...	...	...	...	...	レ	5.00
	目名	//	97.4	6.51	...	10.42	1.50	...	...	...	...	レ	7.26	...	...	...	...	...	レ	5.17
	蘭越	//	102.1	7.09	...	11.10	2.06	...	...	...	...	レ	7.42	...	...	...	...	...	レ	5.32
	昆布	//	106.7	7.27	...	11.26	2.22	...	...	...	...	レ	7.58	...	...	...	...	...	レ	5.47
	狩太	//	112.5	7.52	...	11.50	2.44	...	...	...	...	レ	8.20	...	...	...	...	...	レ	6.09
	比羅夫	//	116.9	8.12	...	12.08	3.01	...	...	...	...	レ	8.37	...	...	...	...	...	レ	6.26
	倶知安	著	121.0	8.29	...	12.22	3.15	...	...	...	...	7.08	8.51	...	...	...	...	...	4.14	6.40
函館・根室・宗谷本線及線	倶知安	發	121.0	...	...	12.29	3.22	...	...	...	...	7.15	8.57	...	...	...	...	...	4.21	6.47
	小樽	著	158.0	...	...	3.03	5.38	...	...	...	...	8.19	11.30	...	...	...	...	...	6.25	9.10
	札幌	//	179.1	...	...		6.54	...	...	...	...	10.14	12.27	...	...	...	...	...	7.20	10.26
	瀧川	//	230.9	...	...	...	8.43	...	...	...	...	12.26	8.18	野付牛著 2.50	...	...	...	音威子府著 7.32	9.32	1.11
	旭川	//	265.4	...	...	...	11.30	...	...	...	...	‖	5.05		...	...	...		11.00	2.57
	稚内	//	438.9	...	...	...	...	...	...	...	...	‖			...	...	...		8.18	
	釧路	//	424.7	...	...	...	...	...	...	...	...	10.21			...	...	...			
	根室	//	508.8	...	...	...	...	...	...	...	...	3.49			...	...	...	...	...	...

細字ハ午前　太字ハ午後　レハ通過　*ハ乘換　㊥ハ洗面所設置驛　弁ハ辨當販賣驛　●ハ接續驛　〒ハ公衆電報取扱驛　⊐ハ赤帽所在驛

☞線路ノ傍ニ記シアル括弧内ノ數字ハ參照時刻表所載頁ヲ示ス　驛名欄中括弧ヲ附シタル區間ニハ直通又ハ接續列車(汽船)ノミヲ掲グ

普通急行料金を要する列車

函館・名寄間……………………………第1列車

函館・瀧川間……………………………第3列車

寝臺車連結列車と寝臺使用料金

一等 { 上段 5.00 圓 / 下段 7.00 圓 } ……………

……………函館・稚内間…………第1列車

二等並型 { 上段 3.00 圓 / 下段 4.50 圓 } ……………

…………… { 函館・稚内間………第1列車 / 函館・根室間………第3列車 / 函館・野付牛間………第13列車 }

食堂車連結列車

洋食……………………………………第1列車

急行料金及列車食堂内定食料

金ハ 221 頁參照

宗谷本線下り（旭川・稚内間）

旭　川　•

大正十三年六月一日改正　同年十一月二十五日訂補

線名	驛名		哩程	3寝 251	209	13	203	205 / 3寝 101	123寝 1	41	11	207 / 17
函館本線	函館	發	0.0	...	...	1.44	...	...	10.24	...	11.25	...
	小樽	//	158.0	...	...	11.37	...	...	6.32	...	9.17	12.33
	札幌	//	179.1	...	...	12.34	...	...	7.26	...	10.32	1.48
	岩見澤	//	204.4	...	...	1.56	...	...	8.29	...	11.54	3.10
	瀧川	//	230.9	...	...	3.25	...	5.10	9.39	10.15	1.17	4.36
	深川	//	245.4	...	...	4.03	...	6.11	10.09	10.57	1.55	5.14
	旭川	著	265.4	...	...	5.05	...	*7.40	11.00	12.22	2.57	*6.22
宗谷本線	旭川	發	0.0	...	...	5.17	...	8.30	11.12	12.35	3.10	6.55
	新旭川	//	2.3	...	...	5.26	...	8.39	レ	12.44	3.19	7.08
	永山	//	5.7	...	...	5.36	...	8.50	レ	12.55	3.29	7.22
	比布	//	10.6	...	...	5.50	...	9.12	レ	1.11	3.46	7.39
	蘭留	//	14.1	...	...	6.04	...	9.29	11.53	1.29	4.00	7.54
	塩狩	//	17.5	...	...	6.19	...	9.50	レ	1.49	レ	8.15
	和寒	//	22.5	...	...	6.36	...	10.16	12.26	2.12	4.34	8.39
	剣淵	//	28.1	...	...	6.50	...	10.32	レ	2.27	4.48	8.57
	士別	//	33.4	...	...	7.04	...	10.49	12.51	2.42	5.02	9.16
	多寄	//	38.3	...	...	7.16	...	11.03	レ	2.56	5.14	9.33
	風連	//	42.3	...	...	7.26	...	11.15	レ	3.08	5.24	9.56
	名寄	著	47.2	...	...	7.38	...	11.29	1.20	3.22	5.36	10.10
	名寄	發		...	...	7.46	8.10	11.45	1.30	...	5.48	...
	智東	//	52.6	...	...	野付牛著 2.50	8.29	12.02	1.45	...	6.05	...
	智恵文	//	56.6	...	...		8.44	12.14	1.56	...	6.17	...
	美深	//	61.0	...	...		9.02	12.30	2.09	...	6.32	...
	紋穂内	//	65.1	...	...		9.16	12.43	2.26	...	6.45	...
	恩根内	//	69.6	...	...	...	9.32	12.57	2.38	3寝	6.59	...
	咲来	//	77.4	...	...	...	9.56	1.21	2.58	109	7.22	...
	音威子府	//	80.3	...	6.45	...	10.20	1.31	3.15	5.30	7.32	...
	上音威子府	//	83.7	...	7.00	...	10.38		3.28	5.50		...
	小頓別	//	90.0	...	7.26	...	11.06	...	3.49	6.22	...	...
	上頓別	//	93.1	...	7.38	...	11.20	...	3.58	6.38	...	...
	敏音知	//	97.2	...	7.56	...	11.37	...	4.10	7.10	...	...
	松音知	//	101.8	...	8.11	...	11.56	...	4.23	7.31	...	...
	中頓別	//	106.7	...	8.29	...	12.17	...	4.37	7.54	...	...
	下頓別	//	112.4	...	8.48	...	12.37	...	4.53	8.37	...	...
	濱頓別	//	118.5	...	9.14	...	1.05	...	5.10	9.12	...	...
	山軽	//	122.3	...	9.27	...	1.17	...	5.21	9.31	...	...
	淺茅野	//	128.0	...	9.46	...	1.37	...	5.37	9.58	...	...
	猿拂	//	131.8	...	10.01	...	1.53	...	5.49	10.17	...	...
	蘆野	//	134.6	...	10.12	...	2.05	...	5.58	10.32	...	...
	鬼志別	//	138.5	5.10	10.38	...	2.30	...	6.16	10.48	...	...
	小石	//	141.9	5.26	10.53	...	2.44	...	6.28		...	...
	曲淵	//	152.8	6.15	11.45	...	3.34	...	7.12	...	...	...
	沼川	//	155.5	6.28	11.57	...	3.46	...	7.21	...	...	...
	樺岡	//	159.3	6.45	12.12	...	4.02	...	7.33	...	...	...
	幕別	//	165.0	7.09	12.33	...	4.23	...	7.51	...	...	...
	聲問	//	168.5	7.25	12.48	...	4.38	...	8.02	...	...	...
	稚内	著	173.5	7.45	1.05	...	4.55	...	8.18	...	...	...

根室本線下り（滝川・釧路間）

瀧　川　•

大正十三年六月一日改正

線名	驛名		哩程	3 455	123 3	3 463	461	403	405	21	407 / 11	3 459 / 17	409 / 15	
函館本線	函館	發	0.0	...	1.17	...	...	...	...	...	11.25	...	...	...
	小樽	//	158.0	...	8.26	...	...	...	...	5.10	9.17	12.33	3.13	...
	札幌	//	179.1	...	10.22	...	...	...	...	6.25	10.32	1.48	4.28	...
	瀧川	著	230.9	...	12.26	...	...	...	...	9.03	*1.11	*4.30	*7.08	...
根室本線	瀧川	發	0.0	...	12.33	...	...	...	...	9.42	1.21	4.40	7.20	...
	幌倉	//	4.5	...	12.46	...	...	...	...	9.55	1.36	4.58	7.35	...
	上赤平	//	8.5	...	12.58	...	...	...	...	10.07	1.49	5.14	7.48	...
	平岸	//	12.9	...	1.11	...	...	...	...	10.21	2.05	5.37	8.04	...
	下蘆別	//	16.5	...	1.22	...	...	...	...	10.32	2.18	5.53	8.17	...
	上蘆別	//	19.0	...	1.30	...	...	...	...	10.40	2.27	6.13	8.26	...
	野花南	//	21.9	...	1.39	...	...	...	旭川發 6.00	10.49	2.37	6.26	8.36	...
	奔茂尻	//	26.5	...	1.53	...	...	...		11.03	2.53	6.45	8.52	...
	島ノ下	//	32.4	...	2.03	...	...	...		11.19	3.12	7.07	9.11	...
	下富良野	著	35.8	...	2.17	...	...	...	8.05	11.28	3.23	7.20	9.22	...
	下富良野	發		...	2.23	...	...	...	8.20	11.35	3.33	7.40	...	...
	山部	//	43.5	...	2.46	...	...	...	8.46	11.57	3.51	8.14	...	...
	下金山	//	43.4	...	3.01	...	...	...	9.03	12.12	4.16	8.46	...	...
	金山	//	52.7	...	3.15	...	...	...	9.19	12.26	4.35	9.13	...	...
	鹿越	//	58.7	...	3.33	...	...	...	9.40	12.44	4.56	9.42	...	...
	幾寅	//	63.4	...	3.49	...	...	...	9.58	1.00	5.14	10.06	...	...
	落合	//	69.2	...	4.12	...	...	...	10.25	1.22	5.41	10.30	...	...
	新内	//	79.7	...	4.54	...	...	...	11.21	2.04	6.33		...	...
	新得	//	86.6	...	5.21	6.00	8.00	...	11.58	2.32	7.10	...	...	...
	清水	//	92.3	...	5.35	6.23	8.27	...	12.15	2.46	7.27	...	...	...
	御影	//	98.8	...	5.53	6.56	8.58	...	12.36	3.04	7.48	...	...	...
	芽室	//	105.4	...	6.09	7.26	9.23	...	12.55	3.20	8.07	...	...	...
	伏古	//	109.7	...	6.20	7.43	9.38	...	1.16	3.31	8.20	...	...	...
	帶廣	//	113.8	...	6.33	7.58	10.00	...	1.34	3.43	8.38	...	...	...
	札内	//	116.8	...	6.41		10.12	...	1.44	3.51	8.48	...	...	...
	止若	//	122.6	...	6.56	...	10.37	...	2.01	4.06	9.05	...	...	...
	利別	//	127.1	...	7.10	...	10.55	...	2.17	4.20	9.21	...	...	...
	池田	著	128.8	...	7.16	...	11.03	...	2.23	4.26	9.27	...	...	...
	池田	發		...	7.23	...	...	11.40	...	4.33	...	...	...	...
	十弗	//	134.2	...	7.37	...	...	12.00	...	4.47	...	...	...	...
	豊頃	//	137.5	...	7.46	...	...	12.12	...	4.56	...	...	...	...
	下頃部	//	141.9	...	7.57	...	...	12.27	...	5.07	...	...	...	...
	浦幌	//	145.9	...	8.07	...	...	12.43	...	5.17	...	...	...	...
	厚内	//	157.4	...	8.40	...	...	1.24	...	5.50	...	...	...	...
	直別	//	161.9	...	8.53	...	...	1.40	...	6.03	...	...	...	...
	音別	//	166.8	5.35	9.03	...	...	2.04	...	6.17	...	...	...	...
	白糠	//	176.7	6.18	9.33	...	...	2.38	...	6.42	...	...	...	...
	庶路	//	181.4	6.37	9.49	...	...	2.52	...	6.54	...	...	...	...
	大樂毛	//	188.0	7.03	10.05	...	...	3.10	...	7.10	...	...	...	...
	新富士	//	192.1	7.20	10.16	...	...	3.22	...	7.21	...	...	...	...
	釧路	著	193.8	7.28	10.21	...	...	3.28	...	7.26	...	...	...	...
										3 473				
	釧路	發	193.8	...	10.32	...	...	3.40	...	*7.45	...	...	...	...
	厚岸	著	222.8	...	12.16	...	...	5.25	...	10.13	...	...	...	...
	根室	//	277.9	...	3.43	...	...	8.10	...	...	...	...	...	...

日本交通公社刊、「時刻表復刻版・汽車時間表」より転載。

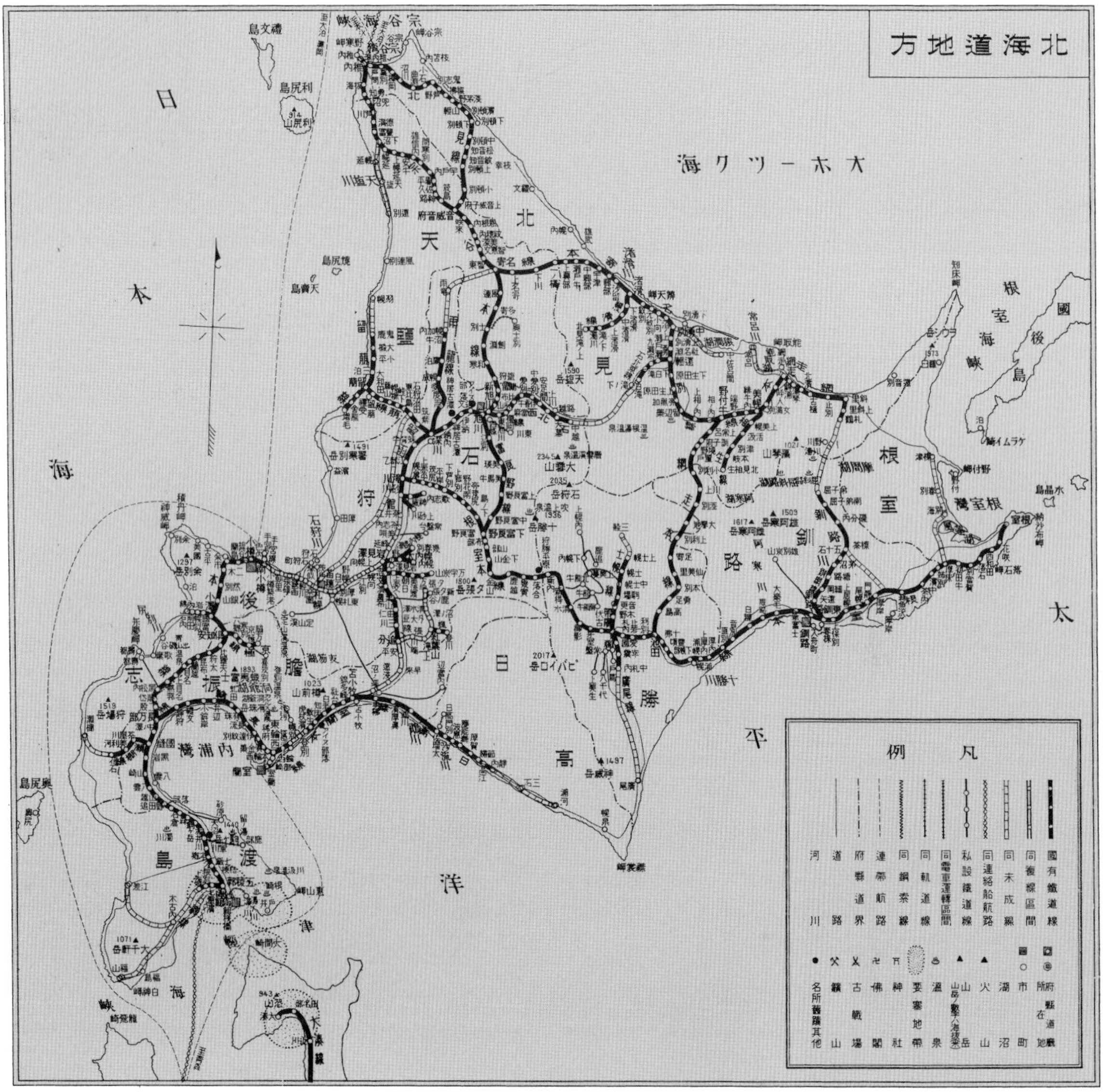

鉄道路線図　昭和５年（鉄道旅行案内より）

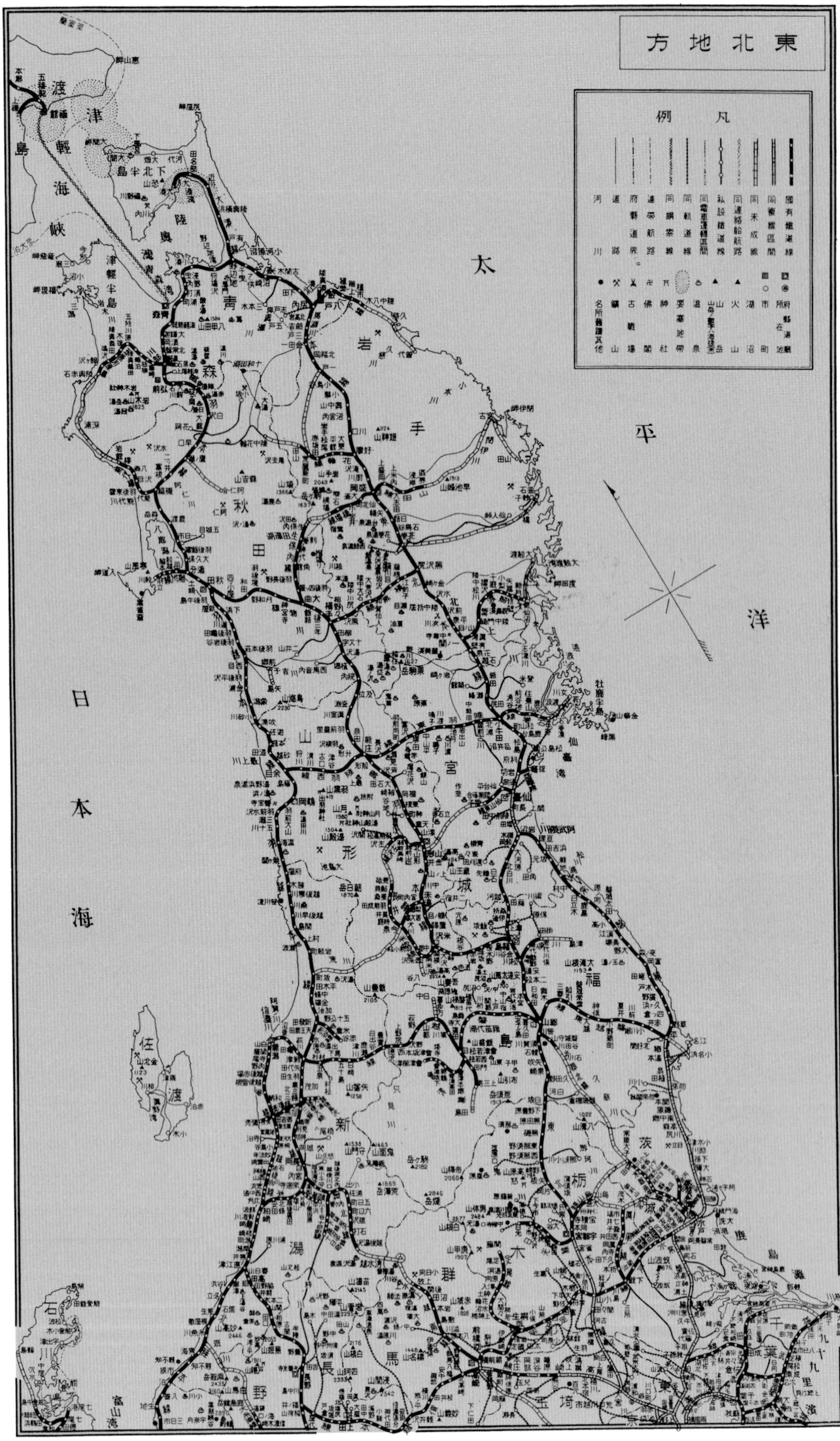
東北地方
凡例
國有鐵道線
同複線區間
同未成線
同連絡航路
私設鐵道線
同電車運轉區間
同軌道線
同鋼索線
連帶航路
府縣道界
道路
河川
府縣廳所在地
市町
湖沼
火山
山岳
溫泉
要塞地帶
神社
佛閣
古戰場
鑛山
名所舊蹟其他
太平洋
日本海
津軽海峡
渡島
津軽半島
下北半島
陸奥湾
青森
岩手
秋田
宮城
山形
福島
新潟
佐渡
栃木
茨城
群馬
長野
埼玉
千葉
石川
富山湾
仙台湾
牡鹿半島
鹿島灘
九十九里濱

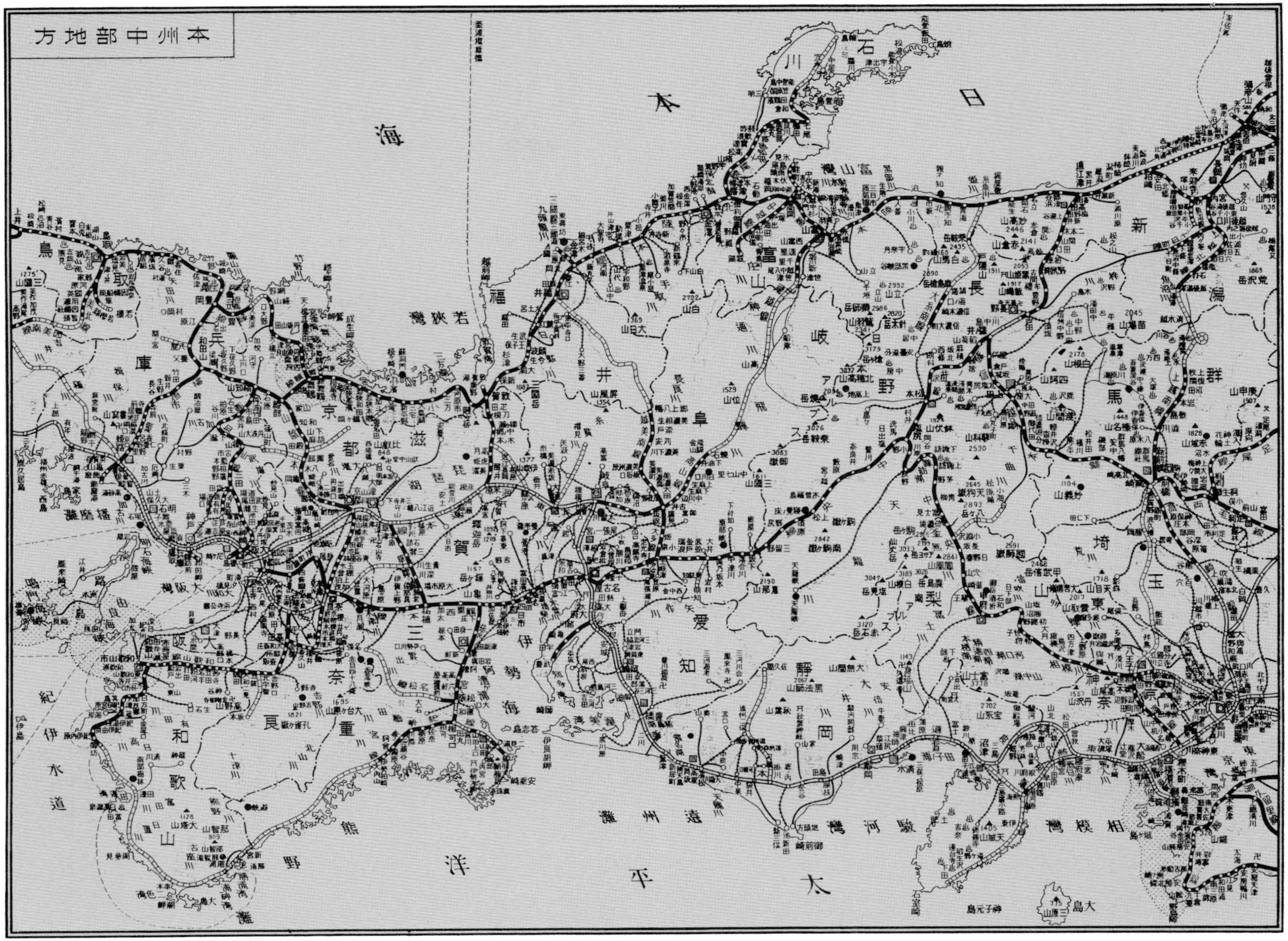

本州中部地方
日本海
太平洋
若狭湾
伊勢海
駿河湾
相模湾
遠州灘
熊野灘
紀伊水道
鳥取
兵庫
京都
滋賀
福井
石川
富山
岐阜
長野
新潟
群馬
埼玉
東京
神奈川
山梨
静岡
愛知
三重
奈良
大阪
和歌山

東日本篇　索引

懐かしの停車場
東日本篇

国書刊行会編

平成22年4月9日　印刷
平成22年4月20日　発行

発行者　佐藤今朝夫
発行所　㈱国書刊行会
東京都板橋区志村一―一三―一五
電　話　〇三―五九七〇―七四二一
ＦＡＸ　〇三―五九七〇―七四二七

印刷　近代プロセス㈱
製本　㈾村上製本所

ISBN 978-4-336-05223-0